LAS CIUDADES DEL FUTURO LIBRES DE POBREZA

Jornalismo: El sistema económico de jornadas y las ciudades jornalistas

LAS CIUDADES DEL FUTURO LIBRES DE POBREZA

Jornalismo: El sistema económico de jornadas y las ciudades jornalistas

Roberto Tejeda Barraza

iii

ISBN: 9798832351964
SELLO: Independently published

iv

**Dedicado a todos los
albañiles del mundo y a
todos los visionsrios
que trabajan para
construir un mundo
mejor.**

ÍNDICE

viii

ix

NOTAS

X

INTRODUCCIÓN

HISTORIA DEL SISTEMA JORNALISTA

Cuando se dice que "el dinero hace girar al mundo" no se está lejos de la realidad en el entendido de que la palabra "mundo" se refiere a las grandes sociedades civilizadas que habitan el planeta y que la palabra "girar" se refiere a lo que las personas hacemos e intercambiamos dentro de estas y es que lo que comenzó siendo un invento que se creó para ser utilizado como intermediario en los intercambios de productos y servicios se ha convertido en un elemento tan poderoso que puede incluso influir en asuntos que van más allá de lo económico y si hiciéramos una lista de todos los inventos que se han creado a lo largo de la historia y los ordenáramos colocando al principio los que han generado más influencia en la sociedad y al final los que han influenciado menos el dinero estaría en los primeros lugares, incluso podría ser el primero, es sin lugar a dudas uno de los elementos que rigen hacía donde gira nuestro mundo y a este invento se le han agregado muchas innovaciones a lo largo de miles de años que han servido para mejorar su funcionamiento y para protegerlo de los robos pero pocas innovaciones se ha hecho para remediar los males que provoca y es que la influencia del dinero es tan amplia que incluso los principales males que aquejan a nuestra sociedad se entrelazan con el, es por eso que proponemos una innovación llamada Jornalismo la cual a diferencia de las anteriores no está enfocada a mejorar el funcionamiento del dinero sino a eliminar su influencia en varias problemáticas que afectan a la sociedad. Te invito a leer esta obra en la que te explicaré de un modo sencillo y amigable qué es y cómo funciona este nuevo tipo de sistema económico.

3

Hola:

Mi nombre es Roberto Tejeda Barraza, soy el inventor del **sistema jornalista** y a continuación te voy a contar cómo me surgió esta idea. Nací y me crie en la ciudad de Guadalajara, en México, en el seno de una familia de nivel socioeconómico bajo; mi padre Eduardo Tejeda Hernández es albañil y él me enseñó el oficio, a realizar mi trabajo bien y a sentirme orgulloso de mi labor; mi madre María Concepción Barraza Márquez es maestra de catecismo y de ella aprendí los valores cristianos. A la edad de 15 años comencé a trabajar en la construcción con mi papá y mis hermanos realizando principalmente obras de ampliación y remodelación de casas, gracias a eso he tenido la oportunidad de trabajar para personas de niveles socioeconómicos bajos, medios y altos y eso me ha permitido observar de cerca las diferentes formas de pensar y de actuar que son habituales en cada uno de los tres niveles. En muchas ocasiones me pregunté por qué existen estos niveles, por qué existe la pobreza y la riqueza, pero me propuse seriamente llegar comprenderlo cuando tenía la edad de 18 años después de que viví una experiencia que me sacudió y me impulsó a buscar la respuesta: Yo estaba trabajando en una casa de un fraccionamiento de alta plusvalía en el municipio de Zapopan y nos pidieron que trabajáramos horas extra pues iban a realizar una fiesta y querían que la remodelación estuviera terminada antes de esa fecha, pero había solo una ruta de autobús dentro del fraccionamiento y si nos quedábamos más tarde no alcanzaríamos a abordarla así que el hombre que nos contrató se ofreció a llevarnos en su auto después de terminar el trabajo, en el auto viajaban con nosotros la suegra del hombre y también su sobrina adolescente, a mitad del camino vimos a otro albañil caminando junto a su esposa y tres hijos pequeños, seguramente no alcanzaron a subir al autobús y tendrían que caminar varios kilómetros hasta la carretera, al verlos la adolescente que viajaba con nosotros preguntó: "¿ese señor trae a sus hijos a trabajar con él? ¿Por qué no los lleva a estudiar a la escuela?" Y su tío respondió: "No lo sé, tal vez porque no tiene suficiente dinero para pagar la escuela" entonces ella dijo enojada: "¡pues entonces que trabaje más!" ese comentario nos dejó sorprendidos a todos, los otros trabajadores y yo acabábamos de trabajar diez horas ese día, a mí me dolían los músculos y estaba agotado, pensar en trabajar más para ganar más tal como lo sugirió esa joven era casi imposible y en ese momento se avivó mi curiosidad por saber el por qué existen personas pobres y personas ricas en nuestra sociedad. Al llegar a mi casa vi a mis vecinos llegar también a sus hogares después de un día de trabajo, algunos de ellos y ellas trabajaban en fábricas de ropa, otros en fábricas ensamblando carros o tarjetas electrónicas, algunos como jardineros o eran albañiles como yo y en ese momento me di cuenta que los que trabajaban ensamblando autos su sueldo no les alcanzaba para tener un auto propio, que los que trabajaban fabricando ropa no les alcanzaba su sueldo para comprar ropa de buena calidad como la que ellos mismos fabricaban, que los que arreglaban hermosos jardines ni siquiera tenían un jardín en su casa y que los que construíamos casas vivíamos en una a medio construir porque nuestro sueldo no nos alcanzaba para terminarla. Los siguientes días estuve atento para saber a qué se dedicaba el hombre que nos contrató, no acostumbro hacer preguntas personales pues es algo que suele incomodarlos pero en el trabajo uno puede escuchar las charlas de otros, así pasó el tiempo y todos los días yo me hacía las mismas preguntas: ¿Por qué este hombre puede contratar a varios jardineros para cuidar los grandes jardines de su casa mientras que esos jardineros ni siquiera tienen uno propio? ¿Por qué este hombre tiene tres autos mientras que mis vecinos que trabajan construyéndolos no tienen ni siquiera uno? ¿Por qué este hombre y su familia tienen enormes closets llenos de ropa y zapatos caros mientras que mis vecinos que los fabrican tienen que usar ropa y zapatos de baja calidad? ¿Por qué este hombre puede mandar a sus hijos a varias clases de arte y deportes mientras que yo gasto la tercera parte de mi sueldo para pagarme un curso de electrónica? ¿Por qué este hombre está ampliando su ya de por si enorme casa mientras que a la mía le faltan pisos, muros y recubrimientos? Y un día por fin escuché una charla en la que él hablaba de su trabajo; él era empleado de una famosa marca de harina de maíz y su labor consistía en negociar el precio de compra del maíz con los agricultores, claro, buscando siempre que acepten el precio más bajo y él mismo comentó sentirse incomodo con eso pues sabía que estaba empobreciendo a los productores de maíz para que su empresa obtuviera más ganancias. Después me puse a pensar ¿Qué necesitaríamos mis vecinos, mi familia y yo para poder tener un auto propio, buena casa, ropa de calidad y acceso a la educación? Las respuestas son obvias, pero ¿Trabajar más? En mi caso siendo mi trabajo tan cansado esa no es una buena opción ¿cobrar más por mi trabajo? Eso sí es posible, pero estaría limitado por los precios que cobran otras personas que realizan el mismo tipo de trabajo y si subo mis precios demasiado los clientes ya no me contratarían ¿estudiar una carrera en la que tenga un sueldo mayor? ¿Hacer negocios? ¿Crear una empresa? Son muchas las opciones que yo y cualquier otra persona tenemos para aumentar ingresos, pero, aún si yo hiciera un cambio ese cambio solo me afectaría a mí mientras que la sociedad seguiría igual, es decir, ninguna de las opciones que acabo de mencionar se pueden aplicar a nivel global: Hacer que todos trabajen más aumentaría la producción y los ingresos pero sería malo para la salud de la población; hacer que todos cobren más solo haría que hubiera más dinero en circulación pero lo demás permanecería casi igual; hacer que todos tengan estudios superiores no es posible pues no habría vacantes para todos y las demás áreas se quedarían sin trabajadores, lo mismo sucedería si todos fuéramos empresarios, entonces ¿Quiénes trabajarían en las fábricas? ¿Quiénes trabajarían en el campo? ¿Quiénes construirían las casas? La única opción que me pareció buena era la de economizar; si no se pueden aumentar los ingresos por lo menos si se pueden hacer rendir más, así que busqué información en internet sobre distintas formas de hacerlo y acumulé conocimiento sobre el tema, ideas como huertos caseros, energías renovables, uso de bicicletas, cooperativas, otros modelos de educación, otras técnicas de construcción, ahorro de agua y de energéticos, etcétera, pero todos estos ahorros podrían seguir subiendo y bajando por las variaciones en los precios del mercado, por eso en mi mente persistía la idea de crear una solución de raíz así que durante varios meses me dediqué a investigar para comprender el funcionamiento del **dinero** y del **sistema económico** y qué origina la **pobreza** y la **riqueza** y me encontré con distintas opiniones, algunas de ellas disparatadas como la que culpa a la religión de la existencia de la pobreza, lo cierto es que muchas doctrinas espirituales saben que la búsqueda de riqueza puede interponerse con las conductas recomendadas y por eso aconsejan evitar el materialismo; también hay quienes dicen que la pobreza se debe a que las personas no trabajan lo suficiente pero los **trabajos** más necesarios y **nobles** suelen requerir más fuerza física y más horas de trabajo, por ejemplo la **agricultura**

7

y la **construcción** y además reciben **salarios** bajos y las **jornadas** de trabajo de **obreros** de fábricas y **vendedores** de tiendas suelen ser las más largas superando por mucho las ocho horas por día; otros creen que se debe a la falta de preparación académica, lo creen así porque las personas que realizaron **estudios superiores** tienen mejores **salarios** pero no toman en cuenta que existen personas que siendo analfabetas crean **empresas** que les hacen ganar más dinero que las personas tituladas. Todas estas opiniones me generaron más preguntas, pero también me aportaron algunas pistas para comprender el origen de las desigualdades económicas, así que seguí investigando la historia del dinero ¿qué es? ¿Cómo funciona? ¿Cómo surgió? La mayoría de las personas saben qué es el dinero y creen saber cómo funciona pero el dinero tiene muchas características que la mayoría de las personas desconocen y muy pocas conocen cómo se originó. Al investigar me di cuenta que mis primeras preguntas me llevaron entender los conceptos básicos que le enseñan a todo estudiante de **economía**: **Precio**, **mercado**, **oferta y demanda**, **comercio**, **salario**, **ganancia**, etcétera. Después, al estudiar la historia del dinero y del sistema económico actual encontré la respuesta a mí pregunta y es esta:

"Existen desequilibrios en los precios de los servicios y los productos, a estos desequilibrios les llamamos "caro" cuando el precio es desproporcionadamente mayor al costo de producción y "barato" cuando el precio proporciona una ganancia muy baja y así como existen desequilibrios en los precios también existen desequilibrios en los salarios, es decir, hay empleos o actividades con ganancias o salarios bajos pero que aportan mucho al proceso de producción/distribución y salarios altos a labores que aportan poco al proceso y estos desequilibrios a los que se suman también los robos y fraudes son la principal causa de que existan ricos y pobres"

Ahora voy a ejemplificar esta respuesta:

*"imagina que un hombre pide un **préstamo bancario** de diez millones de pesos y utiliza ese **dinero** para crear una pequeña fábrica, necesita contratar a un **administrador** de empresas para que la dirija así que investiga en el **mercado** cuánto gana en promedio un administrador de empresas y después coloca un anuncio en el periódico con la oferta de trabajo pero en ese anuncio ofrece un **salario** por abajo del promedio y durante varias semanas nadie contesta su anuncio así que coloca un nuevo anuncio pero en esta ocasión ofrece un salario promedio y veinte personas responden pero después de entrevistarlas ninguna de esas veinte personas le parece apropiada para el puesto, entonces coloca por tercera ocasión un anuncio pero esta vez ofreciendo un salario superior al promedio y ahora responden treinta personas y después de entrevistarlas elije a la que le parece mejor, luego este administrador contrata a **directores** titulados para los distintos departamentos de la fábrica haciéndolo de la misma forma que el dueño, primero ofreciendo un salario bajo encuentra a personas para cubrir algunos puestos, después ofreciendo un salario promedio encuentra personas para cubrir casi todos los puestos restantes y por último, ofreciendo un salario superior termina de cubrirlos todos, ahora necesita contratar **obreros** para el área de **producción** y nuevamente comienza ofreciendo un **salario** bajo y debido a que existe una **crisis económica** en esa población hay mucho **desempleo** así que en esa primera ronda encuentra suficientes personas para cubrir todos los puestos. Ya con todo el personal la fábrica entra en funcionamiento y los precios de los productos que elaboran se calculan sumando el costo de la **materia prima**, **gastos de operación**, **salarios**, publicidad, etcétera y además se suma la **ganancia** para el dueño de la empresa. Después de un tiempo la crisis económica en*

9

*esa región empeora y los **intereses** de los prestamos aumentan, además, el **gobierno** sube los **impuestos** para poder financiar programas que ayuden a resolver la crisis, esto provoca que el dueño de la empresa se moleste pues sus ganancias han disminuido debido a estos aumentos y le exige al director de la empresa que haga algo para volver a tener las mismas ganancias o lo despedirá, entonces el director decide aumentar los precios de los productos que se elaboran en la fábrica, pero en esa región **compiten** con otras tres fábricas que elaboran el mismo tipo de producto, ahora, a un precio menor, eso provoca que las **ventas** disminuyan lo cual hace que las ganancias del dueño sean aún menores, eso lo enfurece y decide despedir al director y contratar a otro, el nuevo director de la empresa está al tanto de la situación, decide bajar los precios para poder competir nuevamente con las otras fábricas y busca renegociar los **precios** que le ofrecen sus proveedores, pero estos en lugar de bajar sus **precios** deciden aumentarlos para enfrentar la crisis confiando en que tienen varios clientes y si una de esas fábricas cierra las otras cubrirán la **demanda** (mientras que la estrategia de subir los precios no le sirvió debido a la competencia con las otras tres fábricas, a sus proveedores si les resultó debido a la demanda de productos de esas mismas fábricas), entonces el director cambia de estrategia, ahora busca disminuir los **costos de producción**, piensa en reducir los salarios pero eso podría provocar el descontento en los trabajadores y estos harían una huelga, entonces decide despedir a algunos trabajadores y hacer que el resto trabajen más para lograr realizar la producción, esto hace que aumente el **desempleo** en esa región y que los obreros de su fábrica tengan que trabajar más, pero esta medida no es suficiente y al final reduce un poco el salario de los obreros, de ese modo el dueño vuelve a recibir las mismas ganancias que recibía al principio. Al final de la crisis el salario de los empleados queda así: El salario de los directores equivale a 6 veces el* *sueldo de un **obrero**; la ganancia para el **dueño** es de 3 veces el salario de un **director**, es decir, 18 veces el salario de un obrero, eso coloca a los obreros en un nivel económico bajo (es decir son **pobres**) a los directores en un nivel económico medio (es decir son **clase media**) y al dueño en un nivel económico alto (es decir es **rico**) <u>de forma inversamente proporcional a la cantidad de trabajo que cada uno invierte en la producción</u>; los obreros siendo los que realizan más horas de trabajo siendo este trabajo principalmente físico y en parte trabajo mental, después de esos ajustes son los que reciben los sueldos menores, sueldos que no son suficientes para darles acceso a todos los servicios y amenidades disponibles en nuestra sociedad actualmente, mientras que los ejecutivos y supervisores, los cuales realizan trabajos principalmente mentales y en parte físicos reciben un sueldo regular que les permite tener todos los servicios y amenidades, el dueño, realizando poco o ningún trabajo físico ni mental recibe ganancias muy altas que exceden por mucho lo mínimo necesario para acceder a todos los servicios y amenidades".*

Aunque este es un ejemplo muy burdo pues hay muchas variables que no se mencionan sirve para reconocer que así como los **precios** de los **productos** y los **servicios** son influenciados por la **oferta y la demanda** creando grandes variaciones, los **salarios**, del mismo modo, son influenciados por la oferta y la demanda de un modo interconectado, es decir:

"los precios en el mercado de servicios y productos influyen en los salarios del mercado laboral y los valores de los salarios en el mercado laboral influyen en los precios del mercado de los productos y servicios"

11

Estas variaciones en los precios crean las grandes variaciones en la posesión de dinero que originan los distintos niveles económicos.

Una vez comprendido el origen el siguiente paso para mí fue encontrar una forma de evitar esas variaciones y durante mi investigación me encontré con varias ideas que han sido propuestas y algunas que incluso han sido puestas en práctica para lograrlo, algunas de esas propuestas son tan radicales como la idea de dejar de usar **dinero**, eliminar la **propiedad privada**, cambios profundos en la forma de gobierno, la eliminación de la religión, etcétera, pero esas ideas no funcionarían porque se basan en postulados equivocados, por ejemplo, el postulado de *"el dinero es la causa de la desigualdad y si eliminamos el dinero eliminaremos la desigualdad"* o el postulado de *"si tomamos toda la riqueza y la repartimos en partes iguales entre todos desaparecerá la desigualdad"* en este último hay que notar que la desigualdad no desaparece sino que sigue existiendo en un primer momento, es decir, seguiría existiendo la desigualdad, no al final, pero sí de modo inicial e intermedio. Estos postulados nacen del hecho de que:

"De todos los elementos que forman parte del sistema económico, el dinero, por ser un elemento intermediario es el único que está vinculado a todas las partes del sistema y eso lo convierte en la pieza más grande, fuerte e importante, por eso todo aquello que se quiera crear en una sociedad que utiliza dinero sea bueno o malo para esta se planea, comienza y se desarrolla vinculada siempre a este"

Por eso algunas personas proponen que como sociedad dejemos de utilizarlo pues de ese modo no sería posible crear cosas malas, pero lo que estas personas no toman en cuenta es que si no existiera el dinero no solo las cosas malas no podrían ser creadas, tampoco sería posible crear las buenas y si el dinero dejara de existir solo nos quedarían dos opciones: Volver a utilizar alguno de los sistemas económicos que existieron antes de la aparición del dinero y que volvamos a vivir como en el pasado antiguo o crear un nuevo tipo de sistema económico que pueda ser igual o más eficiente que el actual pero que no utilice dinero. Yo estoy a favor de la segunda opción, por eso durante varios meses estuve pensando en cómo podría ser este nuevo sistema, analicé una y otra vez la información que encontré sobre el sistema actual hasta que encontré una idea que se convirtió en la base; <u>Se necesita un elemento que funcione como una "ancla" que impida a los precios y salarios subir y bajar de forma exagerada, el elemento que elegí para funcionar como ancla es la **jornada** (tiempo que una persona dedica al día a la realización de un trabajo),</u>utilizando la jornada de trabajo para calcular los precios de productos, servicios y salarios estos permanecerían en un mismo nivel, es decir que no sería posible que se vuelvan ni caros ni baratos. Después de que se me ocurrió esa idea investigué si algo así ya existía y descubrí que ya estaba siendo utilizada en algo llamado "**bancos de tiempo**" pero estaba obteniendo malos resultados; los bancos de tiempo son espacios físicos o virtuales en los que sus **socios** realizan intercambios de tiempo de trabajo, un jardinero, por ejemplo, puede colocar un anuncio describiendo lo **servicios** que ofrece y qué servicios puede recibir a cambio, por ejemplo, lavado de ropa, entonces un **socio** que ofrezca **servicios** de lavado de ropa y necesite alguien que le pode un árbol puede contactarlo y realizar el intercambio directo de tiempo de trabajo, por ejemplo, tres horas de trabajo de jardinería por tres horas de lavado de ropa o también pueden realizar intercambios indirectos en los que las personas trabajan primero y esas horas trabajadas se guardan en una **cuenta del banco de tiempo** para

13

después ser canjeadas por horas de trabajo de otros **socios**, pero los **bancos de tiempo** tienen muchas limitaciones, una de esas limitaciones es que solo contempla el intercambio de **servicios** así que ese sistema no sirve para el intercambio de **productos** pues no tienen un método para calcular los precios basados en el tiempo de trabajo; otra limitación es que solo se tiene acceso a una pequeña variedad de servicios y además, no es útil para realizar emprendimientos grandes que requieran del trabajo coordinado de muchas personas debido a las limitaciones que acabo de mencionar. Al darme cuenta del poco alcance que tienen los **bancos de tiempo** me sentí frustrado pues una idea que me pareció podría ser una buena solución resultó ser demasiado débil para convertirse en el sistema económico del futuro y durante varios meses más estuve pensando en una nueva solución y nada se me ocurría, tenía un bloqueo mental por la frustración, así que pedí inspiración divina y un par de semanas después llegó a mi mente una idea que combinada con la idea de los **bancos de tiempo** podría, ahora sí, convertirse en el nuevo sistema económico, esa idea es la creación de un elemento similar al dinero, algo como una "moneda de cambio" especial para los bancos de tiempo, años después bauticé a ese elemento con el nombre de "**Milijornales**" pero al hablarle de esta idea a otras personas me hicieron preguntas sobre cómo funcionarían los **milijornales** y el **sistema jornalista** ante situaciones específicas y me di cuenta que aún faltaba agregar muchos mecanismos para que él sistema realmente pudiera funcionar, por eso durante los siguientes 18 años fui moldeando la idea hasta que alcanzó la madurez necesaria para poder lograrlo y a través de este libro te voy a explicar cómo lo hará, pero primero en el siguiente capítulo te voy a llevar a dar un breve repaso a la historia evolutiva de la **economía**, las palabras que están resaltadas en negrita en este primer capítulo son conceptos que junto con otros más que se irán sumando en el resto de los capítulos del libro te explicaré, el cómo y para que fueron creados y cuáles han sido sus efectos tanto negativos como positivos y cómo ayudaron a forjar esta sociedad en la que vivimos, después, en el tercer capítulo vamos a profundizar en las distintas problemáticas que afectan a nuestra sociedad y en otras propuestas que se han puesto en marcha para intentar solucionarlas y cuáles han sido sus resultados; en el cuarto capítulo te explicaré las partes del sistema jornalista y cómo estas podrán eliminar esos efectos negativos conservando los positivos y para finalizar, en el quinto capítulo te hablaré sobre las **ciudades jornalistas** y las comunidades que habitarán en ellas utilizando el sistema económico de jornadas.

16

Evolución de los sistemas económicos

"Para saber cómo desatar un nudo primero hay que saber cómo fue hecho"

Muchos de los problemas sociales que padecemos actualmente son consecuencia de la pobreza y la pobreza es consecuencia de la forma en como funcionan algunas partes del sistema económico actual. Si se busca comprender qué es la pobreza lo primero que podemos hacer es buscar su definición en el diccionario pero si solo respondemos a la pregunta "¿Qué es? La veremos como algo estático, solo como un estado que padecen algunas personas, pero si buscamos entenderla de una forma más integral tenemos que hacernos más preguntas: ¿De dónde proviene? ¿Qué consecuencias produce? ¿Cómo interactúa y se relaciona con otros elementos? Y es entonces que nos damos cuenta del vínculo que existe entre la pobreza y el sistema económico y como todo sistema es un conjunto de elementos y de la dinámica que existe entre ellos para lograr un fin comenzaremos ver a la pobreza como algo dinámico que se entrelaza con distintos elementos de lo que conocemos con el nombre de "economía". En este capítulo responderemos a las preguntas ¿Qué es la economía? ¿Cómo surgió la economía? Y ¿Cómo ha evolucionado la economía hasta nuestros días? Y a modo de introducción responderemos a la primera de estas tres preguntas: La palabra economía tiene su raíz en dos palabras griegas que significan "administración" y "casa" es decir administración de la casa y se refiere a la forma como se administran los sistemas de producción, distribución, comercio y consumo de bienes y servicios de una sociedad, país o internacionalmente.

Capítulo **2**

Evolución de los sistemas económicos

2.1 LAS SOCIEDADES TRIBALES Y LOS TRUEQUES

Hace miles de años, antes de la existencia de la civilización la humanidad se organizaba en grupos familiares y en ocasiones varias familias se unían para formar tribus, en estas sociedades tribales solo existía la economía en dos niveles: familiar y tribal. La **economía familiar** era y sigue siendo administrada en nuestros días por los padres, ellos se encargan de producir o de obtener los alimentos, herramientas, casa y demás cosas necesarias para la subsistencia de ellos y la de sus hijos mientras que la **economía tribal** era administrada por el miembro más fuerte o sabio de la tribu, el jefe, que se encargaba entre otras cosas de administrar aquellas labores que requerían de trabajo en equipo y generaban un beneficio para la tribu, por ejemplo, sí una persona dedicada a la agricultura se dedicara a excavar un canal de riego para sus cultivos podría tardar diez años en terminarlo

20

pero si diez de sus vecinos agricultores excavan un tramo de canal cada una lo terminarían de construir en la décima parte del tiempo y todos se verían beneficiados, también las labores de cuidado de los niños y la protección del territorio y muchas otras actividades más se realizan de una mejor manera si se hacen en grupo, aquellas labores que se realizan en equipo necesitan de un **jefe** que reparta a cada miembro una parte del trabajo, esa es su principal función. En nuestras ancestrales sociedades tribales toda la producción era para el autoconsumo pues no existía el comercio ¿cómo surgió el **comercio**? No tenemos pruebas arqueológicas de cómo y cuándo surgió pero pudo haber sido consecuencia del crecimiento y fusión de las tribus, en los pequeños grupos familiares todos los miembros adultos debían de tener conocimientos y habilidades en todas las labores, es decir, debían saber construir casas o refugios, saber fabricar herramientas, saber encontrar alimentos y agua, saber fabricar ropa y calzado, saber defensa contra los peligros del lugar donde habitan, etcétera y el trabajo en equipo les permitió mejorar esas capacidades, eso hizo que las tribus crecieran y necesitaran de territorios cada vez más grandes y comenzaron a surgir peleas territoriales, en estas peleas podía suceder que el jefe de una tribu moría y entonces las familias de su tribu eran "adoptadas" por la tribu vencedora, de ese modo el conocimiento y las técnicas de ambas tribus se compartía, pero algunas técnicas eran muy complejas y se necesitaban años de práctica para dominarlas por eso en ocasiones algunos miembros al no saber fabricarlos robaban o pedían objetos prestados y eso llegaba a generar conflictos cuando esos objetos no eran devueltos a su dueño, entonces surgió una forma de evitar ese tipo de conflictos usando los **"préstamos prendarios"** en los que la persona que pide prestado deja una prenda u objeto de valor como garantía de que el objeto prestado va a ser devuelto, de ese modo si después de un tiempo la persona que presta no recupera su objeto conserva la prenda que le dejaron como garantía y así compensa el valor de lo que perdió (Hoy en día este tipo de préstamos sigue existiendo en las llamadas "casas de empeño" solo que ahora el préstamo se hace por dinero), pero a pesar de esa práctica había personas que se veían afectadas sobre todo aquellos que dominaban mejor alguna técnica pues los objetos que fabricaban al ser de mejor calidad eran los más buscados para realizar un préstamo, pero cuando no eran devueltos a la persona no le quedaba otra opción más que fabricarse uno nuevo y esto le quitaba tiempo que podría terminar afectándolo pues dejaría de dedicar ese tiempo a otras labores como la obtención de agua, la obtención y preparación de su comida o la construcción y mantenimiento de su casa, por eso al darse estas situaciones esas personas preferían pedir cambios por ejemplo por comida, no como garantía ni préstamo sino como un intercambio, estos intercambios son lo que conocemos como **"trueques"** y el trueque dio origen a lo conocemos actualmente como **"comercio"** es decir el intercambio de productos y servicios y a su vez el comercio abrió el camino para la aparición de los primeros **oficios** porque le permitió a algunas personas dedicarse exclusivamente a una actividad para después comerciar con ella y obtener lo necesario para subsistir, es importante resaltar que antes de la existencia del comercio el dedicarse exclusivamente a una labor era casi imposible pues cada persona debía dedicar un tiempo del día a la obtención de agua, otro tiempo para obtener y preparar sus alimentos, otro tiempo al mantenimiento y reparaciones de la vivienda, etcétera, así que si se dedicaba mucho tiempo a una labor en particular terminaría desatendiendo al resto y se quedaría sin agua, sin alimento o sin refugio, los cuales son vitales, por eso antes de la existencia del comercio los pocos oficios existían solo por mandato del jefe tribal que al ver que alguien era muy bueno en alguna actividad le ordenaba dedicarse exclusivamente a eso mientras que a los otros les ordenaba proveerle agua, comida y todo lo necesario para que pudiera dedicarse a su labor sin por eso quedarse desproveído, pero con el uso del trueque fue posible la existencia de oficios libres y casi de cualquier tipo de labor. En esta primitiva **economía del trueque** era muy difícil realizar intercambios por dos motivos principales: Era una suerte que una persona tuviera un objeto para intercambiar y que la persona que tuviera el objeto deseado deseara justo lo que se le ofrecía, por ejemplo: "Un miembro de una tribu tiene dos cuchillos pero solo necesito uno así que decide cambiarlo por un plato pues acaba de romper el único que tenía y ahora necesita otro, por eso sale a preguntarle a los otros miembros de su tribu si alguien quiere hacer un intercambio (trueque) de un plato por su cuchillo y después de hablar con más de veinte personas por fin encuentra a uno dispuesto a realizar el intercambio pero ahora se enfrenta a la segunda dificultad; él quiere dos cuchillos a cambio de su plato pues uno no le parece suficiente, ahora tiene que decidir si le da sus dos cuchillos y después buscar la forma de conseguir otro o seguir buscando a otra persona que esté dispuesta a darle un plato a cambio de uno de sus cuchillos". Debido a esas dificultades al principio los trueques se hacían principalmente entre artículos del mismo tipo; frutas por frutas, ropa por ropa, herramientas por herramientas, etcétera y servían para que las personas tuvieran una mayor variedad de objetos en su posesión, los intercambios entre artículos de diferente tipo se **negociaban** y rara vez se llegaba a un acuerdo por la diferencia de valores de los objetos, pero con el tiempo surgieron acuerdos sobre la equivalencia del valor de los productos, por ejemplo: Un plato grande vale dos cuchillos y un cuchillo vale por dos cucharas, así que el valor de un plato equivale a cuatro cuchara y estas equivalencias dieron origen a lo que conocemos con el nombre de "**precio**", los precios eran y siguen siendo hasta nuestros días algo subjetivo que involucra a muchos factores que vamos a analizar más adelante en este libro. El uso de los **trueques** y de los **precios** generaron cambios en las sociedades tribales que los utilizaban pues permitieron la aparición de los "clanes" la palabra clan significa "hijo" y se puede interpretar como "descendientes" un **clan** es un grupo de personas unidas por lazos de parentesco y ascendencia que comparten un ancestro común y que normalmente se dedican a la realización de una misma labor, pero para entender mejor este concepto veamos como nacieron los clanes: Las luchas territoriales provocaron que distintas tribus se fusionaran, si por ejemplo una tribu de agricultores luchaba con una tribu de pescadores por un territorio y en la lucha los jefes de la tribu de pescadores morían entonces esa tribu se subordinaba a los jefes de la tribu de agricultores, entonces estos le designaban labores en el campo y tiempo después sus conocimientos en pesca se perdían, pero gracias a los trueques ambas tribus podían coexistir conservando su estilo de vida pero para que estas tribus pudieran seguir funcionando necesitaban de un jefe que conociera sus técnicas y pudiera guiarlos, el jefe del clan era el sucesor de los jefes que murieron en batalla, por eso en los clanes se guarda el recuerdo de ese jefe caído como su ancestro, es su forma de conservar su identidad como tribu y recordar su origen, el jefe del clan estaba subordinado al jefe de la tribu conquistadora, así aparecieron las **jerarquías escalonadas**, es decir: los jefes que dirigen a otros jefes, pues ante el crecimiento de las comunidades le resultaba imposible a una sola persona dirigirlas, por eso cuando la cantidad de subordinados y labores superaban su capacidad, este delegaba algunas de esas labores a otros jefes y él se colocaba en un nuevo "escalón" sobre la jerarquía en lo que conocemos hoy como "organización en pirámide"

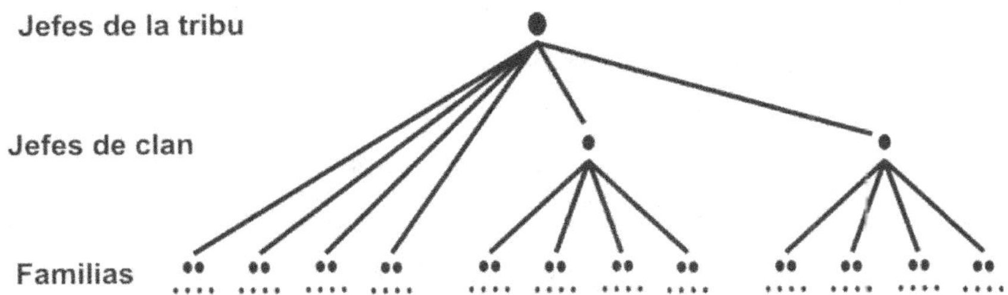

Además de los jefes había otro elemento que ayudó a mantener la unidad entre la tribu y los clanes, ese elemento era el **comercio**, cada clan conocía su territorio y había aprendido a obtener y procesar los recursos que había en el, gracias al comercio los otros clanes tenían acceso a esos recursos sin tener que trabajar para obtenerlos y esos clanes a la vez tenían acceso a los recursos de los demás clanes que conformaban la tribu. En esa remota época de violentas conquistas el tener acceso a esa gran variedad de productos y conocimientos hizo que las tribus conquistadas pudieran tolerar ese sometimiento, de cierto modo podríamos decir que las luchas para expandir los territorios terminaron por unir a las tribus y la organización piramidal les permitió trabajar juntas, pero fue el comercio lo que hizo que esas uniones perduraran.

2.2 LOS MERCADOS Y LOS PRODUCTOS DENARIOS

El establecimiento de los **precios** facilitó la realización de **trueques** entre productos de diferente tipo pero seguía siendo complicado localizar a personas dispuestas a realizarlos, entonces surgió la idea establecer un lugar donde cada cierto tiempo las personas interesadas en realizar trueques llevaran los productos que querían intercambiar y de ese modo se disponía de una gran variedad de opciones, a esos lugares los nombraron "**mercados**" y a los productos que eran llevados a ellos para realizar intercambios se les dio el nombre de "**mercancia**" (productos de mercado), en México a los mercados también se les llama "tianguis". Los mercados facilitaron el encuentro entre compradores y vendedores pero al ser lugares donde se concentraban grandes cantidades de mercancías estos llamaron la atención de ladrones y los mercados sufrían constantemente de **robos**, por eso se prefería ubicarlos en la plaza principal de la ciudad cerca de la casa del jefe donde se tenía la protección de sus guardias y además, si surgía un desacuerdo o disputa podían pedirle su opinión pues cumplía también la función de juez y daba la última palabra para resolverlos. Los mercados se convirtieron no solamente en el centro de la economía también se convirtieron en el centro de la sociedad y en el centro de la comunicación pues las personas no solamente iban a intercambiar productos también asistían para informarse de lo que sucedía en la comunidad, el jefe daba a conocer sus mandatos en el la plaza principal el día de mercado pues era el día que había más personas presentes y las que venían de fuera a su vez llevaban la información a sus respectivas comunidades al regresar a ellas, además, si alguien necesitaba presentar una queja o petición el día del mercado podía solicitar una audiencia pues normalmente el jefe estaba presente supervisando. A pesar de contar con tantos vendedores y compradores en ocasiones seguía siendo difícil realizar algunos trueques pues no siempre el vendedor acepataba lo que se le ofrecia a cambio pero se tenía la opción de hacer primero un cambio por algun otro producto que sí deseara el vendedor, por ejemplo: "Un agricultor lleva dos canastos llenos de manzanas al mercado con la intención de cambiarlos por algunos pezcados y ese día solamente hay una persona ofreciendo pezcados pero esa persona no está interezada en las manzanas, entonces el agricultor le pregunta qué desea a cambio de sus pezcados y él le dice que quiere cambiarlos por pan pero el único pandero en el mercado no quiere pezcados, entonces el gricultor va con el panadero para ofrecerle las manzanas a cambio de pan para después cambiar el pan por los pezcados pero resulta que el pandero acaba recibir manzanas en otro trueque y en ese momento ya no necesita más, entonces el agricultor le pregunta qué necesita a cambio del pan y el le dice que necesita leche, entonces el agricultor sale en busca de alguien en el mercado que esté ofreciendo leche y hace un trueque de sus manzanas por leche, luego hace un trueque de leche por pan y finalmente hace un trueque del pan por los pezcados". Realizar estas "**cadenas de trueques**" era común en los mercados y en ocasiones requerían de mucho tiempo y era cansado pues se tenía que caminar cargando los productos, para reducir esos tiempos surgió la idea de usar **productos denarios**, los productos denarios eran productos de uso común y cotidiano, por ejemplo la sal, todos usaban sal casí todos los días en la preparación de los alimentos y para otras cosas, por lo tanto si la persona cambiaba primero sus productos por sal tenía más probabilidades de cambiar rapido esa sal por el producto que deseaba obtener o por algun otro que buscara el poseedor del producto deseado y eso ayudaba a que las cadenas de trueques fueran más cortas y así las personas estubieran menos tiempo en el mercado, eso provocó que los productores de los productos denarios recibieran todo tipo de ofertas pero a pesar de no necesitar de toda esa variedad de cosas al ver que su producto era usado como intermediario por las personas comenzaron a aceptar cosas que no necesitaban e incluso hacían prestamos prendarios, de modo que si al final del día la persona no lograba cambiar el producto denario por lo que buscaba podía regresarlo y obtener de vuelta el producto con el que llegó, esos prodctores se dieron cuenta que en ocasiones regresaban del mecado con muchos productos y en ocasiones con pocos y al pensar en por qué sucedía eso se dieron cuenta que debido a las diferencias entre los precios se podían hacer "**cadenas circulares de trueque**" que permitian que al final un prodcucto aumentara o disminuyera su cantidad, por ejemplo, si dos canastos de manzanas equivalían a una porción de sal, una porción de sal equivalia a dos tarros de leche y dos tarros de leche equivalian a un canasto de manzanas, una persona podía cambiar dos canastos de manzanas por cuatro tarros de leche, luego cambiar los cuatro trarros de leche por dos porciones de sal y al final cambiar las dos porciones de sal por cuatro canastos de manzanas y de esa forma utilizando los intercambios duplicaba la cantidad de manzanas con las que llegó al mercado y esas cadenas de trueques tambien funcionaban a la inversa y podian disminuir la cantidad de producto inicial, entonces algunas personas aprovecharon ese efecto para conseguir más producto e incluso algunos dejaron sus trabajos para dedicarse completamente a **comerciar**, es decir al intercambio de mercancias y se les dio el nombre de "**comerciantes**" (*con*= completamente *merx*= mercancias, comercio *ente*= que hace: *"persona que se dedica completamente a intercambiar mercancias"*) pero sus acciones eran mal vistas por el resto de las personas porque les daba la oportunidad de obtener productos sin haber trabajado para producirlos, el hecho de que una persona llegara a un mercado con pocos productos y se retirara con muchos era visto casi como si hubiera realizado un robo pero lo que hacian los comerciantes era legal pues se basaba en los precios establecidos y aceptados por todos en el mercado, pero las quejas por ese tipo de prácticas llegaban al jefe pues casí siempre él fijaba los precios para mantener el orden, entonces algunos jefes decidieron modificar los precios para equilibrar los intecambios pero con tanta variedad de productos era casi imposible desaparecer esas diferencias que aprovechaban los comerciantes, por eso en algunos mercados llegaron incluso a prohibir esa practica pero eso hacía que los comerciantes dejaran de asistir y como casí siempre eran ellos los que producian o llevaban los productos denarios entonces los mercados se quedaban sin ese tipo de productos lo que dificultaba los intercambios pues volvian a ser lentos y dificiles como lo eran antes de su uso y de la aparición de los comerciantes, eso hizo que los jefes tuvieran que tomar otras medidas; algunos decidieron tolerarlos pues les parecia que eran más los beneficios que traían al mercado que las mercancias que se llevaban; otros jefes decidieron producir sus propios productos denarios y realizar comercio para no depender de los comerciantes pero surgieron más y más personas que comerciaban con otros tipos de productos así que esa medida solo funcionó por poco tiempo, entonces algunos jefes analizaron la situación y decidieron aplicar una solucion más inteligente y audaz; <u>fijar todos los precios en base a un único producto</u>, es decir, si la sal era el producto denario en su mercado todos los precios se harían en comparacion con la sal y así tendrían un único **valor de referencia** y así no habría diferencias que los comerciantes pudieran aprovechar para hacer cadenas circulares de trueques, entonces los comerciantes tuvieron que realizar trueques fuera del mercado para aprovechar las diferencias entre los precios dentro y fuera de este y la competencia entre ellos por obtener produtos fuera del mercado hizo que buscaran a los productores en los lugares de producción pues de ese modo se adelantaban a que otros comerciantes hicieran trueques por esas mercancías en las afueras del mercado o en el camino mientras eran transportadas y aunque el comercio seguía sindo visto como algo malo los productores los toleraban pues ahora eran los comerciantes los que se

29

encargaban de transportar sus productos al mercado así que eso les ahorraba algo de tiempo y trabajo, <u>de ese modo los comerciantes, por su conveniencia, se convirtieron en los encargados de la parte de la **distribución** en el sistema económico</u> y al ser ahora los encargados de eso las personas vieron en los productos que obtenían mediante el comercio algo así como una retribución o un pago al servicio que prestaban y poco a poco dejaron de ver al comercio como una labor abusiva y comenzaron verlo como un trabajo formal que ofrecia el servicio de **distribucón de mercancias**, además, la facilidad con la que vendían y compraban cosas le dio más velocidad y eficiencia a los intercambios dentro de los mercados y eso beneficiaba a todos los compradores y vendedores que asistian a el. Usar un único producto denario cuyo valor servía de referencia dentro del mercado no solo sirvió para mantener a raya a los comerciantes incluso mejoró la eficiencia de los intercambios y provocó que algunos jefes terminaran siendo comerciantes, ante eso las personas nada pudieron hacer para evitarlo pues el jefe era la autoridad, esa fusión entre gobierno y comercio dio origen a las ciudades comerciales, en estas el comercio le generaba riqueza al jefe pero a diferencia de los otros comerciantes que usaban la riqueza que obtenían para su propio beneficio el jefe las usaba también para beneficio de la comunidad, principalmente usaba esa riqueza para lo relacionado con el comercio como la construcción de caminos para las rutas de transporte de las mercancias, construcción de murallas para proteger la ciudad y el mercado de ladrones y ataques de otras tribus, contratación de guardias, construcción de bodegas, construcción de habitaciones para hospedar a los comerciantes foráneos, etcétera y eso hacía que su ciudad se distinguiera y creciera más que las demás y modificó la forma de gobierno de esa época e incluso alentó las conquistas y el expansionimso por varios motivos como el objetivo de obtener más

30

productos y vendedores y compradores que llevaran riqueza a los mercados o el proteger sus rutas de comercio. El gran crecimieto que alcanzaron algunas comunidades gacias al comercio hizo que se agregaran más y más jerarquías y eso provocó que al existir tantos jefes dentro de una misma comunidad las luchas por el poder se volvieron más violentas y eso motivó a que los jefes buscaran formas para lograr que su tribu los viera como el hombre más fuerte de todos, por eso comenzaron a inventar historias sobre ellos mismos vencindo solos a ejercitos o criaturas mitologicas como los dragones o inventaron que eran hijos de dioses y que poseían poderes sobrenaturales, asi fue como se crearon los reyes, emperadores, faraones, kanes, cesares, etcetera, en el tiempo de ciudades amuralladas, rutas comerciales y héroes de leyenda.

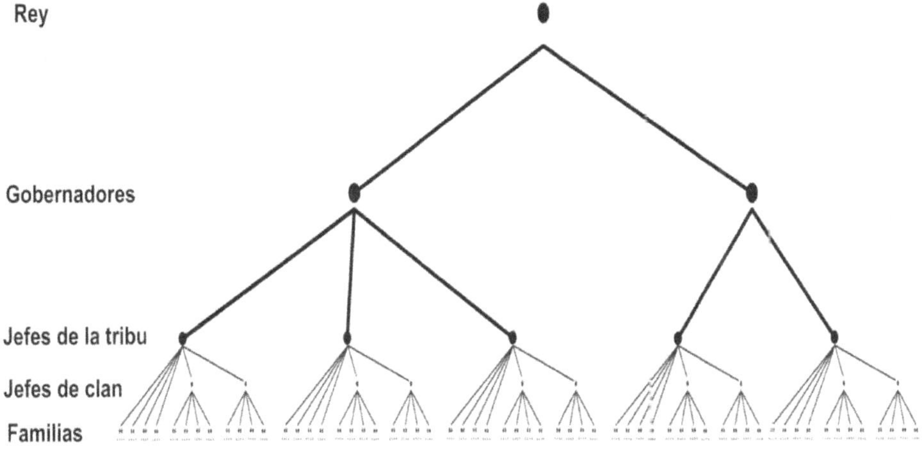

Tener el control de los productos denarios obligó a los jefes a mantener una cantidad suficiente de estos circulando en sus mercados para satisfacer la demanda, entonces construyeron enormes bodegas para guardar esas grandes cantidades de producto y ya que muchos de esos productos eran perecederos solían echarce a perder pues en ocasiones duraban demasiado tiempo guardados, por eso se prefería el uso de aquellos que duraran más tiempo en buen estado, algunos de esos productos eran alimentos que tardan mucho en caducar como los quesos o los condimentos como la pimienta, tembién se utilizó la sal, en muchas partes de México se utilizaron las semillas de cacao, pero aún asi seguía habiendo perdidas y estas hicieron que algunos jefes prefirieran el uso de productos más duraderos como telas u objetos metalicos pero estos productos no eran comprados de forma cotidiana y además eran muy caros y eso hacia que se complicaran los intercambios por productos de bajo precio y consumo cotidiano por lo tanto a pesar de servir para grandes compras no funcionaban bien como productos denarios, etonces surgió la idea de utilizar **productos de cambio** los cuales poseerian un **valor de referencia** pero no serían un producto de consumo por lo tanto podrían ser cualquier tipo de objeto, de preferencia objetos pequeños para facilitar su uso y su portación como por ejemplo las conchas, pero los productos de cambio solo funcionaban dentro de un sistema de "**mercado cerrado**", en este había una persona que normalmente se ubicaba en una esquina del mercado y se sentaba frente a una mesa larga llamada **banco** (de ahí tomaron su nombre las actuales **instituciones financieras**) las personas que llegaban al mercado para intercambiar productos iban a esa mesa (banco del mercado) y ahí les compraban su producto y por el recibían una cantidad de **producto de cambio** equivalente a su valor, después ese producto era ingresado a algún local del mercado donde posteriormente era vendido a otras personas, ya dentro del mercado las personas intercambiaban su producto de cambio por algún producto de su interés de entre la gran variedad que había, las ventajas de este sistema es que no se perdía tiempo negociando pues sus productos eran comprados directamente a un precio pre-establecido al entrar al mercado y adentro la compra se realizaba también pagando un precio pre-establecido, además, como el mercado compraba y vendía una gran variedad de productos las personas no gastaban mucho tiempo hablando con muchos posibles compradores o vendedores como se hacía en los mercados abiertos y antes de salir la personas debían devolver el producto de cambio que les restaba al "banco" y el encargado le creaba una **cuenta de ahorro**, de modo que la próxima vez que visitara el mercado podría retirar esa cantidad de producto de cambio de su cuenta y realizar más compras, el encargado del banco debía llevar cuentas precisas de las mercancías que entraban y salían del mercado y también de las perdidas pues si se retiraba una cantidad mayor o menor de productos se generaba un desequilibrio en el mercado que podía provocar que hubiera más productos a la venta que productos de cambio y estos no se pudieran vender en su totalidad o viceversa, que hubiera más productos de cambio que productos a la venta y los dueños de estos tuvieran una escasa variedad de productos qué comprar, lo que al final podía provocar que se paralizaran los intercambios, cuando eso sucedía el encargado del banco era obligado romper la mesa públicamente en el mercado para hacerle saber a todos que él había hecho mal su trabajo, de ahí proviene la expresión **"banca rota"**, otro dato curioso es que a las personas que nacimos o vivimos en la ciudad de Guadalajara en México nos dicen "tapatios" una de las teorías del origen de la palabra tapato es que proviene de la palabra de la lengua náhuatl *"tapatiotl"* que signica "vale por tres" los *tapatiotl* eran pequeños sacos de tela que contenían diez semillas de cacao y eran utilizadas hace siglos como **producto de cambio** en los tianguis, cuando los españoles llegaron a esta región escucharón a sus habitantes usar mucho esa palabra así que comenazaron a llamarnos "los tapatios" pues no sabían pronunciar bien la palabra, pero al final fueron los metales, no en su forma de utensilios o alahas sino en bruto y en una nueva forma llamada **moneda** los que se conviertieron en el **producto de cambio** preferido en casi todo el mudo y las monedas posteriormente dieron origen a lo que hoy conocemos como **dinero**.

2.3 LAS MONEDAS Y EL DINERO

Aunque algunas personas creen que él **dinero** y las **monedas** son la misma cosa en realidad se trata de elementos diferentes, cada uno tiene su propia historia pero el dinero a diferencia de las monedas nació de una forma un tanto accidental como consecuencia de algunas modificaciones que sufrieron estas, así que comencemos por contar la historia de las monedas: Conforme el uso de los trueques y mercados iba en aumento iban apareciendo más oficios, incluso los oficios existentes comenzaron a dividirse en varios oficios como ramas de una misma industria, una de esas industrias que se dividió fue la de los metales, en un principio una sola persona o un clan se encargaba de todo el proceso desde la obtención de los minerales, la fundición y el vaciado en moldes o la forja del metal hasta convertirlo en un objeto como herramientas, alhajas o piezas mecánicas y fue gracias a los trueques y los mercados que algunas personas o clanes pudieron dedicarse exclusivamente a la minería o a la fundición o a la forja para después comerciar con los minerales, metales extraídos u objetos metálicos que fabricaban, los minerales provenientes de las minas se calientan a altas temperaturas para que el metal se funda y se separe del resto de los elementos y tenerlo en un estado más puro, después el metal fundido se vierte en un molde y al enfriarse se endurece y toma la forma de este, por conveniencia para almacenarlo y transportarlo se optó por una forma que conocemos como "lingote", los lingotes tienen una forma que les permite ser extraídos del molde fácilmente y ser apilados como si fueran ladrillos pero son más largos que un ladrillo para permitir que sus extremos sobresalgan y puedan ser levantados por una persona colocando los dedos por debajo, esto es así para evitar que resbale de las manos porque suelen ser muy pesados y tener una superficie muy lisa, pero cuando los metales comenzaron a comercializarse la forma de los lingotes generó un problema: Cuándo un comprador requería una cantidad de metal menor a la que tenía un lingote era necesario cortar una fracción de este lo cual era muy difícil pues no sé tenían herramientas especiales para cortar así que los cortes se realizaban a base de golpes con cinceles y mazos y era una labor muy cansada y que en ocasiones requería de mucho tiempo, por eso, para evitar hacer esos cortes o tener que volver a fundir los metales a los fundidores se les ocurrió crear moldes de distintos tamaños para crear lingotes de distintos pesos y facilitar así su venta, algunos de esos nuevos lingotes eran tan pequeños que cabían en la palma de la mano, pero su forma cuadrada hacía que fuera incomodo agarrarlos así que se fundían en moldes con formas redondeadas o en forma de discos y se les dio el nombre de "**Monedas**" a las monedas se les imprimía un número o símbolo para identificar su peso y el metal del que estaban hechas, el proceso de impresión usado se llama "acuñar" pues se usa una herramienta llamada "cuña" para ejercer presión con un sello sobre la moneda, algunos de los lingotes y las **monedas acuñadas** eran llevadas al mercado para ser vendidas a joyeros y herreros y las monedas llamaron la atención de las personas porque vieron en ellas la oportunidad de hacer lo que hoy conocemos como "**ahorro**", antes de la existencia de las **monedas** las **cuentas** en los **bancos** de los **mercados** eran prácticamente la única forma de ahorrar y las personas se arriesgaban a los malos manejos o fraudes realizados por el banquero y ahorrar con otros objetos era imposible pues casi todos los objetos usados como productos denarios eran perecederos y de nada serviría acumularlos pues después de un tiempo se pudrían, solamente objetos caros como las telas u objetos metálicos servían para crear ahorro, en esa época si alguna persona quería hacer un **trueque** por algo de gran valor pero no poseía algo para intercambiar lo que se solía hacer era el realizar un trato con el vendedor para intercambiar el producto por trabajo, el cual dependiendo del valor podía durar semanas, meses o años y muchos vendedores solían abusar extendiendo el tiempo acordado, pero las **monedas** al ser pequeñas y fáciles de fabricar tenían un costo menor y eso le permitió a más personas adquirirlas y de esa forma acumularlas y generar un ahorro hasta alcanzar el precio del objeto que querían comprar y evitaban así ese tipo de abusos. Debido a que la mayoría de las personas podían comprar monedas estas se convirtieron en el **producto denario** preferido por excelencia y por eso en ese tiempo se inventó una nueva forma de robo que consistía en grabar una moneda con un símbolo de peso mayor al de su peso real y también otros que consistían en bañar una moneda con un metal de mayor valor para hacerla parecer que estaba hecha completamente de ese metal, por ejemplo bañar una monda de cobre o plata con oro para hacerle creer a su comprador que era completamente de oro, esta nueva forma de robo solo podía ser realizada por personas con conocimiento y herramientas para trabajar los metales que aprovechando que las monedas estaban siendo compradas por personas sin conocimientos en ese oficio usaron ese método para obtener más ganancias, pero cuando el fraude era descubierto las personas perdían la confianza en las monedas y dejaban de aceptarlas para evitar ser víctimas y otras personas decidían devolver las monedas a sus fabricantes

36

exigiéndoles un reembolso y estos al recibir tantas devoluciones y no ser capaces de devolver todo lo robado tenían que huir para evitar ser encarcelados o recibir la venganza de aquellos a los que defraudaron y eso provocaba que el mercado se quedara sin más del producto denario y que además las monedas que estaban en circulación dejaran de ser utilizadas por el temor de que fueran falsas y eso provocaba una "crisis económica": <u>Las **crisis económicas** suceden cuando una parte de la actividad económica queda detenida; cuando una de las partes del sistema económico: El **consumo**, la **producción**, la **distribución** o el **comercio** se detiene o disminuye su ritmo termina por detener o ralentizar las otras áreas de la economía porque todas están vinculadas</u>. Las crisis relacionadas con las monedas tuvieron que ser atendidas por los jefes de la comunidad que al analizar lo sucedido decidieron crear sus propias monedas, las **monedas nacionales** o **monedas del estado** eran y siguen siendo en nuestros días acuñadas con un sello distintivo, ese sello sirve para hacerle saber a la gente que esas monedas son respaldadas por el gobierno el cual garantiza que tienen el peso y el metal marcado y que si alguien fabrica monedas y las marca con ese símbolo distintivo están cometiendo un delito llamado **falsificación** y enfrentarían a las autoridades. A pesar de que el sistema de **mercados cerrados** era muy eficiente generaba algunas dificultades sobre todo para los intercambios de mercancías entre comunidades que estaban lejos, pues era necesario que los comerciantes o los productores transportaran las mercancías desde sus comunidades hasta los mercados para intercambiarlos y luego volver a sus comunidades con las otras mercancías, por eso muchos de ellos pensaban en lo conveniente que sería que se pudieran utilizar los mismo **productos de cambio** en los distintos mercados, de ese modo en uno de los trayectos solo tendrían que transportar "conchas" o "bolsitas de tela con semillas de cacao" pero eso

37

no era posible pues cualquier persona podría recoger conchas o hacer bolsas de tela y meterles semillas de cacao y decir que las obtuvo en otro mercado, es decir, sería demasiado fácil falsificar esos objetos, por eso cada mercado usaba los propios y los marcaba para reconocerlos y solo eran un elemento para facilitar los intercambios dentro de este, pero las **monedas** terminaron por convertirse en ese producto de cambio que sería aceptado en muchos mercados pues poseían tanto las características de un **producto denario** como las características de los **productos de cambio** de los **mercados cerrados**; así como los productos de cambio son respaldados por el **banco** del **mercado** y son marcados para no ser falsificados las monedas son respaldadas por un gobierno y son marcadas (acuñadas) para dificultar su falsificación , además, las monedas poseen un valor que les da la cantidad de metal con el que están hechas, es decir, se pueden fundir o forjar para crear otros objetos y por ser pequeñas sirven como productos denarios para los intercambios cotidianos y ya que las personas estaban acostumbradas al uso de los productos de cambio que se usaban en los mercados cerrados se adaptaron fácilmente al uso de las monedas como nuevo producto de cambio, pero ahora prácticamente en cualquier mercado dentro del territorio del país que las creaba y respaldaba, ahora el país completo era como un gran mercado o "mercado nacional" pero sucedió que cuando la demanda de monedas aumentó algunos gobiernos se vieron superados y no podían fabricar la cantidad de monedas solicitadas así que comenzaron a fabricar monedas con otros metales más abundantes pero más baratos que el oro o la plata o fabricaron monedas con una menor cantidad de metal y para evitar generar ellos mismos una crisis económica como las generadas por los anteriores fabricantes de monedas emitían una ley que obligaba a todas las personas a respetar el valor acuñado en la moneda, de modo que si alguien se rehusaba a recibir un pago y respetar el valor acuñado en ellas podría recibir un castigo, pero aún así las personas desconfiaban de ese nuevo tipo de monedas y preferían no utilizarlas, fue a consecuencia de una situación como esta que la moneda nacional mexicana adoptó el nombre de "Peso": El uso de monedas fue introducido a México por los españoles, la primer moneda que se utilizó fue el oro de tepuzque que estaba hecha de cobre con una pequeña cantidad de oro, esta moneda no era del agrado de los pobladores y la rechazaron, se deshacían de ellas y preferían seguir utilizando productos de cambio en sus mercados como los *"tapatiotl"* u otros productos cenarios pero después se fabricaron monedas de plata y estas sí fueron aceptadas porque se les daba un valor en base a la cantidad de plata que contenían, con el tiempo aumentó tanto la demanda de estas monedas que no pudieron acuñar la cantidad necesaria así que utilizaron trozos de plata que tenían el mismo peso que el de las monedas y a esos trozos las personas los llamaban "pesos" en referencia a que poseían el mismo peso que las monedas. El uso de las monedas nacionales provocó una alteración en el precio del metal del que estaban hechas pues ahora el precio en lugar de ser establecido por el mercado lo fijaba el gobierno y lo respaldaba mediante leyes, cuando ese precio superó por mucho al precio del metal dejó de ser conveniente fundirlas o usarlas para fabricar otros tipos de objetos así que las personas comenzaron a usarlas exclusivamente como un intermedio en los intercambios dentro del "mercado nacional" y fue así como nació el dinero: La diferencia entre el **dinero** y un **producto denario** o un **producto de cambio** es que el producto denario cumple una doble función pues sirve como intermediario en los intercambios de productos y servicios y sirve también para el consumo o uso en otras actividades y el dinero solo cumple la función de ser intermediario en los intercambios y este a diferencia de los productos de cambio que solo funcionan dentro un mercado cerrado y pertenecen a el es de libre uso y pertenece a las personas que dieron algo a cambio por el y es respaldado por un gobierno dentro de su territorio. El dinero simplificó la realización de los intercambios pues ya no era necesario realizar grandes cadenas de trueques o ingresar a un mercado cerrado cambiando en el banco del mercado mercancía por producto de cambio, luego producto de cambio por mercancía y luego guardar el producto de cambio restante en la cuenta del banco, ahora con el dinero solo se necesita hacer un cambio de producto por dinero y luego un cambio de dinero por producto, fue tal la aceptación que cada uno de estos intercambios recibió su propio nombre: Al trueque de productos por dinero ahora lo llamamos "**venta**" y al trueque de de dinero por productos lo llamamos "**compra**".

Las monedas nacionales se convirtieron en un símbolo del gobernante en turno, se acostumbraba acuñar una imagen de su rostro en una de las caras de la moneda, en esas antiguas épocas no existían medios de telecomunicación como los que existen hoy en día así que las monedas fueron aprovechadas para hacerle saber a las personas quién era el gobernante de la región, cuando una nación conquistaba a otra reemplazaba las monedas de esta con las suyas o las volvía a acuñar con el rostro de su conquistador, esto además de ser un símbolo del poder servía para que se realizaran más fácilmente los intercambios económicos entre la nación conquistadora y la nación conquistada y ambas economías se fusionaran para crear un mercado más grande, en tiempos modernos se siguen haciendo esfuerzos para lograr la utilización de un mismo tipo de moneda en regiones cada vez más grandes como una forma de facilitar más el comercio dentro de esa región, un ejemplo es el de la moneda "Euro" adoptada por acuerdo en muchos países de Europa.

2.4 SALARIOS, FEUDALISMO Y LIBERALISMO

A través del **comercio** algunas personas lograron obtener una gran cantidad de **dinero** y surgió un aumento en el uso de la modalidad de intercambio que consistía en ofrecer dinero por la realización de trabajo, estoy hablando de la "**contratación de servicios**" que también conocemos con los nombres de "empleo de servicios", "trabajos asalariado", etcétera. En las primeras etapas de la economía solo existían los intercambios de productos por productos, es decir los **trueques** y luego aparecieron los **productos denarios**, los **productos de cambio** y el **dinero** y los trueques poco a poco fueron reemplazados por las **compra-ventas**, también existían los trueques de productos por trabajo pero estos eran poco comunes pues la mayoría de los trabajos se realizaban en conjunto con la familia, el **clan** o los demás miembros de la comunidad y esos trabajos eran coordinados por un **jefe**. La utilización del dinero para contratar trabajadores hizo que apareciera la figura del "**empleador**" el cual poseía las mismas capacidades que un jefe pero la diferencia entre un empleador y un jefe de la comunidad es que el jefe era elegido por los miembros por ser el más fuerte o sabio o poseía el linaje del clan gobernante y por eso obedecían sus ordenes pues confiaban en qué por su fuerza, inteligencia o educación podía tomar las mejores decisiones para el bien de la comunidad, mientras que los empleados obedecen las ordenes de su empleador por un compromiso adquirido mediante un **contrato** en el que se comprometen a realizar determinada actividad siguiendo las órdenes del empleador y este se compromete a darles a cambio dinero; es lo que conocemos actualmente como pago, sueldo o **salario**, la palabra salario proviene del pago con sal que recibían los soldados de la antigua Roma, a pesar de que en esa época el uso de las monedas estaba ampliamente extendido por muchas regiones del mundo, los romanos, al ser un pueblo guerrero utilizaban grandes cantidades de metal para fabricar armaduras y armas y eso provocaba en ocasiones el desabasto de **monedas**, por eso recurrían al uso de **productos denarios** como la sal para realizar el pago de algunos servicios. Con el crecimiento de las comunidades se volvía cada vez más difícil para los jefes estar presentes en todos los ámbitos y los lugares donde se les necesitaba, esa falta de su presencia provocaba problemas en la economía de la comunidad y ante esa situación algunos empleadores comenzaron a organizar mediante los empleos pagados actividades que reactivaran la economía en sus comunidades y por eso las personas comenzaron a llamarlos "**patrones**" la palabra "patrón" procede del vocablo latino *patrōnus* que significa "tutor" o "guardián" hoy en día en México se utiliza la palabra patrón para referirse en general a cualquier empleador o como expresión de respeto a una figura de autoridad, pero en la antigüedad se usaban para referirse a esas personas que ante la falta de atención de los gobernantes tomaban el liderazgo de la comunidad para mejorar la economía y el orden de esta, eso hizo que los **nobles** (la palabra noble significa "que busca el bien para las personas), es decir, el **clan gobernante**, rivalizaran con los **patrones** (tutores o guardianes de las personas) pero cuando atacaron a estos o les prohibieron realizar actividades de organización social se ganaron el repudio de su pueblo, por eso en lugar de rivalizar decidieron crear alianzas mediante contratos llamados **feudos**, en estos se establecía que el patrón podía ejercer funciones de jefe pero solo dentro de cierto territorio y sus habitantes y a cambio pagarían un tributo o impuesto a los nobles para que estos tuvieran ingresos monetarios para utilizarlos para emplear personas pagándoles un salario, los nobles apoyaron a los patrones enseñándoles algunas cosas sobre cómo gobernar y los patrones enseñaron a los nobles algunas cosas sobre comercio y contratación de servicios, como consecuencia de esa alianza los patrones se convirtieron en parte nobles y los nobles en parte patrones, a ese periodo de la historia se le conoce como **"feudalismo"**, fue un tiempo en el que los señores feudales eran intermediarios entre la nobleza y el pueblo y tenían una combinación de ambos pero muchos de ellos abusaron de ese poder y lo aprovecharon para obtener más ganancias a través del trabajo de sus empleados haciéndolos trabajar mucho y pagándoles poco, lograron acumular más dinero que otros comerciantes que solo se dedicaban a comerciar un tipo de productos pues los feudales podían organizar varias actividades y de ese modo recibir ganancias por muchas vías y al poseer permisos para gobernar prácticamente no tenían regulaciones legales que los limitaran, eso hizo que el pueblo comenzara a repudiarlos y exigieron a los nobles que les retiraran los feudos, pero a los nobles no les convenía hacerlo pues dejarían de recibir el dinero que los señores feudales les proveían, entonces para solucionar esa situación se les ocurrió la idea de otorgar los mismos beneficios y responsabilidades que poseían los feudales a todas las personas, es decir que cualquier persona podría poseer un pequeño territorio (terreno) y disponer de el, también tener pequeñas participaciones en las actividades de gobierno (derecho a votar y ser escuchado) y adquirieron la responsabilidad de proveer al gobierno de dinero para que este realice sus actividades (pago de impuestos) y de ese modo desaparecieron los señores feudales y pasaron a ser la **clase burguesa**, muchos de los burgueses guardaron rencor hacía la clase noble por haberles retirado los feudos y algunos también los envidiaban pues nunca alcanzaron el nivel de educación y sofisticación que estos poseían, recordemos que los nobles eran un clan y por lo tanto poseían y se heredaban el conocimiento acumulado durante muchas generaciones y muchos de esos conocimientos se mantenían en secreto solo transmitiéndolos entre los miembros del clan por eso los burgueses nunca lograron igualarlos, entonces incitaron al pueblo para apoyar revoluciones para destituir a los nobles para luego ellos quedarse con el poder de gobernar, actualmente la mayoría de los gobiernos del mundo están conformados mayoritariamente por personas burguesas, es decir, por personas que poseen o son socios de varias empresas de alto nivel e influencia económica como las industrias relacionadas con el petróleo, las telecomunicaciones, los transportes y vías de comunicación y actualmente los nobles están casi extintos en todo el mundo, son muy pocos los países en los que aún hay familias nobles y a muchas de esas familias se les han quitado muchas atribuciones y ahora poseen un poder para gobernar muy limitado y ahora vivimos en una época a la que llamamos **liberalismo** pues con el uso del dinero las personas dejaron de depender de un clan, tribu o de nobles y señores feudales, los contratos sociales o sanguíneos casi han desaparecido y en su lugar ahora hay contratos por dinero y comercio y las personas son libres de aceptar o rechazar esos contratos o ventas.

2.5 LAS INSTITUCIONES FINANCIERAS
Y EL SISTEMA FIDUCIARIO

Desde su invención las **monedas** han llamado la atencion de los larones porque por su reducido tamaño resultan más fáciles de robar, transportar y esconder, por ejemplo: Si una vaca tiene un valor de una moneda de una onza de oro resulta más sencillo robar una moneda de una onza de oro y después ir a comprarla que robarla y tener que transportarla o esconderla, además esto hace que los robos sean más difíciles de detectar pues la compra de la vaca es legal, el vendedor recibe su pago y no necesita conocer el origen de esas monedas; si la vaca fuera robada directamete es posible que su dueño la viera después y la reconociera y denunciara el robo y ante las autoridades los ladrones no podrían comprobar haberla adquirido legalmente y serían llevados a la carcel; pero, si los ladrones vendían esa vaca y su dueño la reconocía después en posesión de la persona que la compró entonces las autoriades enfrentaban un dilema: Si devolvian la vaca a su primer dueño entonces la víctima del robo ahora era el comprador por haber perdido el dinero que usó para comprarla, no es que los policias le hubieran robado la vaca que compró legalmente usando su dinero, sino que estaban devolviendola a la persona a la que le fue robada, por eso al no poder considerarse un robo como tal se le dio un uevo nombre: "**fraude**" y ahora los robos se dividen en dos tipos: el "**hurto**"; cuando una persona es despojada directamente de un objeto o dinero (en este ejemplo el robo de la vaca) y el "**fraude**" cuando una persona es despojada de dinero u objetos indirectamente por causa de otra persona que realizó un **hurto** (en este ejemplo el comprador de la vaca robada). Se han tomado muchas acciones para solucionar el problema de los **hurtos**, muchos paises llegarón a considerar la compra y la venta de productos robados como un delito esto con la intención de disminuir el mercado de productos robados y dificultarle a los ladrones vender, pero muchas personas que no sabían que compraron mercancia robada terminaron siendo castigadas, por eso actualmente muchos paises ya no consideran la compra y venta de productos robados como delito y se dedican solamente a buscar a los ladrones. El hurto de monedas resulta más dificil de resolver porque a su dueño le sería dificil reconocer si esas monedas eran suyas pues todas las monedas son muy parecidas y son un objeto de uso cotidiano que pasa de mano en mano constantemente, además, al poder fraccionarse puden quedar en manos no de uno sino de varios compradores y así sucesivamente, haciendo que conforme pase el tiempo se vuelva más difil recuperarlas, por eso si el ladron es atrapado no se busca que devuelva las monedas que robó sino que reponga su valor. Para resolver el problema del **hurto** de monedas se han creado desde hace siglos empresas dedicadas al resguardo y protección de monedas y valores, estas empresas utilizan bóvedas de seguridad o cajas fuertes y también en ocasiones son custodiadas por guardias armados, algunas de esas empresas comenzaron a utilizar el dinero que resguardaban para **financiar** negocios cobrando una ganancia a la que se le llama **interés**, pero realizar esos prestamos era un delito pues estaban utilizando monedas que no les pertenecían y que se habían comprometido a mantener guardadas y protegidas, sin embargo, esos prestamos ayudaban a crear empresas y eso hacía crecer la economía de la comunidad por eso las personas y el gobierno toleraban esa mala práctica. Realizar esos prestamos era riesgoso pues en ocasiones las nuevas empresas no prosperaban y no lograban devolver el dinero y tamibién algunos ladrones se hacían pasar por empresarios para solIticar un préstamo y después huir con esas monedas y eso llegaba a generarles a esas empresas de resguardo la "**banca rota**" es decir que la empresa se quedara sin monedas y al suceder eso terminaba afectando a todos sus clientes, entonces estos se quejaban con las autoridades y por eso el gobierno tuvo que inervenir y regularlas, esas regulaciones dictarón que en adelante para que una empresa ce resguardo de valores pudiera realizar financiamiento con el dinero de sus usuarios, tenía que estar legalmente constituida como "**institución financiera**" de ese modo las personas que guarban su dinero estaban concietes y aceptaban que este fuera utilizado para realizar préstamos, pero, a camb o de recibir también una parte de los intereses que se cobraba por los financiamientos y tambien debian tener el derecho a recibir ellos mismos financiamiento (prestamos personales) así que al servicio de resguardo se le agregó el de **cuentas financieras**, también conocidas **como cuentas de ahorro** y devido a esos cambios esas empresas comenzaron a guardar las monedas juntas en una sola bóveda formando un **fondo** mientras que los objetos de valor los seguian guardando en cajas de seguridad individuales. Debido a que las instituciones financieras contaban con una gran cantidad y variedad de monedas era común que los clientes y otras personas solicitaran cambios por otras de diferente denominación y debido a la gran cantidad de monedas que entraban y salian de ellas a las personas les recordaban a los antiguos "**bancos**" de los mercados y comenzaron a llamarlos tambien con ese nombre a pesar de que se trataban de algo diferente. Los ladrones encontraron una nueva forma de robo utilizando la **falsificación de documentos** que entregaban los bancos a sus clientes como comprobantes, ésta nueva forma de robo obligó a los banqueros a crear documentos que fueran más difíciles de falsificar, se les agregaron firmas, sellos, estampillas, etcétera y cualquier innovación que fuera difícil de duplicar pero a pesar del uso de los bancos los robos seguían existiendo tanto dentro de ellos en modo de **fraude** como fuera de ellos en modo de **hurtos**, por eso algunas personas que realizaban alguna compra decidían que en lugar de retirar el dinero del banco era más seguro llevar al vendedor para que abriera su propia cuanta y ahí depositarle el dinero, de esa forma las monedas no saldrían del banco manteniéndose así más seguras, así nacieron las **transacciones bancarias**, es decir: El traslado de la propiedad de una cantidad de dinero guardada en una cuenta bancaria o dicho de otra forma el traslado de dinero de una cuenta a otra. Estas transacciones se hicieron tan comunes que algunas personas pasaban mucho tiempo en los bancos realizandolas, por eso para evitar los traslados al banco y los tiempos de espera surgió el servicio de "**cheques**" de ese modo las personas que contrataban ese tipo de cuentas podían emitir sus propios documentos desde la comodidad de su casa y así realizar pagos al ceder una parte del dinero de su cuenta al depositarla en la cuenta de otra persona, ese servicio agradó mucho a los clientes y esos cheques comenzaron a usarse como dinero, un tipo de dinero más seguro que las monedas pues el valor del papel en qué se elaboraban era muy bajo y a nadie le interesaría robar un trozo de papel, pero al mismo tiempo tenían otro tipo valor pues con ellos se podía tener acceso a una cantidad de dinero o de metales guardadados en el banco. Debido a que los cheques tenían la limitante de que solo podían usarse para realizars transacciones con otros clientes del mismo banco los usuarios de ese tipo de cuentea comenzaron a solicitar un servicio de "**cheques al portador**" y eso aumento mucho el rango de personas que podian utilizarlos pero al mismo tiempo los volvió más vulnerables pues podían ser tanto hurtados como utilizados para realizar fraudes, una de esas nuevas forma de robo a través de los cheques la realizaban de la siguiente manera: Abriendo una de estas cuentas y después emitiendo muchos cheques que sumaban una cantidad mayor a la depositada en la cuenta del banco y luego huyendo de esa comunidad con todos los productos que compraron con esos cheques y lo que sucedía después cuándo las personas que los habían recibido iban al banco para cobrarlos es que este no podía cambiarlos pues la cuenta ya no disponía de dinero, entonces los afectados se quejaban con las autoridades culpando al banco por no cambiarles los cheques y el banco culpaba al dueño de la chequera por hacer mal uso y realizar fraude al emitir **cheques sin fondos**, este tipo de fraudes eran un dolor de cabeza para las personas, para los bancos y para las autoridades al punto que se pensó en eliminar ese servicio, sin embargo eran muchos los clientes a los que le resultaba de gran ayuda su uso y estos solicitaron que él servicio siguiera en funcionamiento, así que los banqueros tuvieron que buscar alternativas para solucionar el problema y comenzaron por restringir el uso de cheques permitiendo que solamente personas conocidas en la comunidad, de buena reputación y que manejaran grandes volúmenes de dinero pudieran emitir cheques mientras que a las personas desconocidas, poco conocidas o de mala reputación y que manejaban menores cantidades de dinero se les ofrecía una nueva opción, la de usar "**billetes**", estos eran como "pequeños títulos de propiedad de dinero en una cuenta de ahorro" entonces, sí un cliente depositaba cien monedas de una libra de oro cada una el banco en lugar de entregarle un solo documento para acreditar la propiedad de esas mobedas le entregaban cien títulos de propiedad, uno para cada moneda y se les daba un valor al portador de modo que el cliente podía comprar con esos billetes y después el vendedor solo tendría que ir al banco y retirar esa moneda con ese documento.

Éste es un billete antiguo del banco de mexico en el que se pude leer la frase "EL BANCODE MÉXICO S.A. PAGARÁ CIEN PESOS A LA VISTA AL PORTADOR" los billetes actuales ya no la llevan impresa pues son dinero fiduciario y ya no es necesario utilizarla, pero a pesar de eso en en los billetes de algunos países se sigue utilizando.

El uso de **cheques** y **billetes** era tan bueno que provocó que ya casí no se realizaran retiros de monedas de los bancos y los banqueros se dieron cuenta que sus fondos crecían enormemente, así que se les ocurrió una nueva forma de robo que consistia en emitir **billetes sin fondos** aprovechando que debido a la fe que tenian las personas en que al poseer un billete podrían acudir al banco para cambiarlo por monedas y que casi todos los estaban utilizando como dinero sería dificil que ese robo fuera notado o afectara el funcionamiento del banco, sin embargo esos pequeños robos generaron un daño acumulativo en el **fondo** de monedas y de metales del banco que en cualquier momento podría provocar la **banca rota**, pero para enender esto mejor vamos a analizar un ejemplo hipotetico:

"En una comunidad hay diez bancos pequeños, uno de esos bancos tiene cien clientes y cada uno de ellos tiene guardados cien monedas de oro, por lo tanto el banco cuenta con un fondo de 10,000 monedas de oro, la mitad de sus clientes han contratado cuentas de ahorro mientras que la otra mitad ha decidido recibir billetes, así que por cada una de esas monedas el banco ha emitido un billete los cuales circulan dentro la comunidad y son usados por sus clientes y otras personas para realizar compras, durante diez años las personas de esa pequeña comunidad han utilizado esos 5,000 billetes y los demás billetes emitidos por los otros nueve bancos para relizar comercio y no han necesitado realizar muchos retiros de monedas, pero al mismo tiempo los robos relizados al banco a través de fraudes y asaltos a los culaes se han sumado también los robos realizados por los mismos banqueros, los prestamos que no han sido pagados y las empresas que fracazaron y no lograron devolver el financiamiento han provocado que el fondo se reduzca en un 70%, es decir que ya solo quedan 3,000 monedas dentro de la bóbveda, eso provoca preocupación en los dueños del banco así que deciden ser más cuidadosos al realizar financiamientios, aumentan las medidas de seguraidad para prevenir robos y fraudes y dejan ellos mismos de robar dinero del fondo y de ese modo el banco sigue funcionando sin problemas durante diez años más, pero el paso de un huracán deja varios destrozos en las casas de esa comunidad y muchos de los dueños de cuentas de ahorro deciden retirar sus monedas del banco para pagar las reparaciones, ese retiro masivo de monedas provoca que el banco se quede casí sin fonos y al borde de la banca rota, entonces usan una medida desesperada: Convencen a los clientes de no retirar sus monedas y llevarse mejor billetes pues estos son más seguros, de ese modo logran detener el retiro de monedas pero ahora solo queda el 10% de los fondos y hay en circulacion 1,000 billetes más, así pasan otros diez años durante los cuales

51

el banco sigue funcionando bien a pesar de solo poseer el 10% de las monedas que debería de tener en su fondo y eso hace pensar a los banqueros que emitiendo más billetes podran realizar más financamentos y de esa manera obtener más ganancias que les permitan reponer las faltantes así que emiten 3,000 billetes sin fondos y durante diez años más el banco presenta una recuperación, pero entonces una gran fábrica que trabaja en esa comunidad y guarda su dinero en ese banco cierra y tiene que retirar una gran cantidad de monedas para pagar la liquidación de sus trabajadores, luego los desempleados ante la falta de otros empleos dentro de esa comunidad deciden mudarse para buscar nuevas oportunidades y van al banco para retirar sus ahorros, solo que en esta ocasión no aceptan billetes pues esos billetes no serían aceptados en otros lugares, entonces esos retiros acaban con los pocos fondos que le restaban al banco y lo dejan en banca rota y después los demás clientes que quieren retirar sus monedas ya no pueden hacerlo así que demandan al banco, en ese momento las autoridades reciben una gran cantdad de quejas así que prestan especial atención a ese hecho, interrogan a los dueños del banco y realizan una auditoría, los dueños señalan los fraudes y hurtos que han sufrido, los deudores morosos y el dinero prestado para financiar empresas que aún no ha sido devuelto, sin embargo eso no basta para explicar la falta de monedas y las autoridades descubren que los dueños del banco también han estado robando monedas del fondo y emitiendo más billetes de los necesarios, así que los encarcelan, pero eso provoca el cierre del banco y a su vez eso genera una gran crisis economica en esa comunidad, pues al cerrar el banco los billetes ya no pueden ser cobrados, por eso los vendedores ya no aceptan pagos con billetes y los comerciantes y empresarios no pueden pagar a sus trabajadores ni a sus provedores con billetes y tampoco pueden retirar monedas y por eso tienen que cerrar *temporalmente algunas fabricas y negocios deajando a muchas personas sin empleo y estas al no recibir un salario ya no pueden realizar más compras, así muchos negocios padecen una baja en sus ventas y eso genera un gran cantidad de quejas con el gobierno pidiendoles que solucionen la situación del banco para que este vuelva a trabajar y la economía se recupere, entonces las autoridades al no comprender cómo es que esa gran cantidad de monedas ha desaparecido deciden asesorarse con cientificos de las universides para esclarecer los hechos y estos llegan a esta conclusión: "La cantidad de monedas que hay en el fondo de un banco debe de ser equivalente a la de los documentos emitidos por este, si hay un retiro, hurto o perdida de monedas se debe de sacar de circulación su equivalente en documetos bancarios para recuperar así el equilibrio entre monedas y documentos, pero devido a que eso sería muy complicado pues la mayoría esos documentos circulan libremente pasando de persona en persona cotidianamente en todo el sistema economico de la comunidad lo más recomendable sería reponer las monedas robadas, pero eso no sucedió debido a que por lo grande que son los fondos que poseen los bancos sus dueños nunca se preocuparon por reponer los faltantes dejando así que estos se acumularan druante decadas hasta provocar la "banca rota", al saber esto las autoridades investigan la situación de los otros nueve bancos y descubren un escenario aterrador pues casi todos están en esa misma situación; operan con apenas un pequeño porcentaje del fondo que deberían poseer, entonces las autioridades deciden tomar medidas para evitar las inminentes banca rotas y las crisis económicas que provocarían, por eso lo primero que hacen es prohibirles que emitan billetes, el gobierno centraliza su producción y respalda su uso en todo el territorio pues de ese modo será más facil que las personas acepten usarios en lugar de realizar retiros de monedas o de oro y plata, esa medida ayudó mucho a frenar la* dismunucion de los fondos, ahora los banqueros tendrán que reponer las monedas y los metales faltantes para hacerlos crecer, pero se dieron cueta que esa sería una tarea casí imposible de lograr, sin embargo, tomando en cuanta las recomendaciones de los cientificos que estudiaron el caso, no sería necesario reponer la totalidad de los fondos, bastaría con ingresar una pequeña cantidad de monedas para que el banco siguiera funcionando tal como lo habían hecho en decadas anteriores, eso debido a la fe que tienen las personas en que los bancos les cambiarían sus billetes por monedas en el momento que se lo soliciten, también se le pidió a los bancos que usaran sus ganacias para reponer los faltantes de los fondos pero la mayoría de estos ya casí no tenian nuevos clientes pues ya abarcaban casí todo el mercado de clientes en sus comunidades, la única alternativa que les quedaba era subir sus cobros y eso hicieron de diferentes maneras: Comenzaron a cobrar más interés por el financiamiento y también comenzaron a compartir menos de las ganancias con sus clientes, subieron el costo de sus servicios, etcetera, pero eso generó el descontento en los clienentes que ya habían firmado un contrato y habían aceptado pagar cierta cantidad de interés por los prestamos o pagar el precio de la contratación por el manejo de la cuenta de ahorro y estos comenzaron a demandar legalemente al banco por incumplir los contratos, así que para que estos aumentos fueran legales el gobierno de esa pequeña comunidad decide tomar el control fijando el interés que cobraría el banco y llamaron a esto *"tasa de interés sugerida"* de ese modo los clientes no podrían actuar legalmente contra el banco por los aumentos de sus cobros, pero todavía existe otra situación por resolver: Hay que reemplazar todos los billetes emitidos por los diez bancos con los billetes emitidos por el gobierno pero existen muchos que se emitieron sin tener fondos, así que los billetes se tienen que entregar conforme se vayan devolviendo los antiguos billetes al banco y ese proceso es lento y desespera a los banqueros que ahora exigen que el gobierno les entregue una mayor cantidad de billetes para poder seguir trabajando más alejados de la banca rota, pero con los antecedentes de los malos manejos de los banqueros el gobierno tiene que hacerlo de un modo que evite fraudes, así que decide entregar los billetes por adelantado cuando un cliente pide un prestamo, de ese modo con el contrato firmado por el cliente este se compromete a debolver ese dinero y cuando lo haga esos billetes adquiriran un valor verdadero, es decir; el gobierno confía en el cliente, no en los banqueros y muchos llamaron a esto "crear dinero mediante deuda" lo cierto es que para que un billete adquiera su valor debe de ser intercambiado primero por un producto o servicio cuyo precio equivalga a su denominación, es decir, el costo de producir un billete de 100$ o un billete de 1,000$ es el mismo pues se trata del mismo papel y de la misma canidad de trabajo para elaborarlo, pero para que el billete de 100$ adquiera su valor primero tiene que ser intercambiado por algo cuyo precio sea de 100$ y para que el billete de 1,000$ adquiera su valor se debe cambiar primero por algo cuyo precio sea de 1,000$ y a partir de ese primer intercambio los billetes puden ser intercambiados nuevamente cientos, miles o millones de veces más conservando su valor inicial, en un principio los bancos realizaban ese primer intercambio al darlos a sus clientes por el oro, la plata o las monedas ingresadas a sus cuentas de ahorro pero en este nuevo sistema el primer intercambio se realiza por la persona que pidió un prestamo y realiza compras con esos billetes y a este nuevo tipo sistema se le dio el nombre de dinero fiduciario, es decir, dinero basado en la fé o confianza en las instituciones que los emiten y la fé en que la persona que pidió el prestamo devolverá el valor de la cantidad prestada".

2.6 ECONOMÍA MODERNA

Las nuevas tecnologías han mejorado varias áreas de la economía, con el uso las nuevas maquinas y las nuevas técnicas y herramientas han aumentado y mejorado la **producción**, gracias a los medios de transporte como los aviones la **distribución** de los productos ahora puede realizarse entre distintos países en tan solo horas, el **comercio** puede realizarse mediante redes de computadoras entre compradores y vendedores que están en distintos países y ahora los **consumidores** tenemos acceso a una gran variedad de productos y servicios que provienen de regiones distantes del planeta y solo necesitamos abrir una **cuenta electrónica** en algún **banco** y después ingresar a internet y solicitar el producto en un sitio web de ventas y en poco tiempo ese producto puede ser transportado desde el otro lado del mundo hasta la puerta de nuestra casa. En tiempos recientes la economía comenzó a ser estudiada de forma científica, los elementos que la conforman fueron observados, nombrados y cuantificados y esa información ha sido utilizada para mejorar su funcionamiento, ahora existe las **ciencias de la economía** con sus distintas ramas como la administración de empresas, comercio internacional, mercadotecnia, solo por nombrar algunas y gracias a ese estudio científico pudimos observar la interacción entre los distintos elementos y darnos cuenta que todos forman parte de un gran sistema y también gracias al estudio científico de la economía algunas organizaciones han logrado emular los sistemas que se han utilizado en el pasado y seguimos utilizando en el presente pero ahora lo hacen mediante el uso de tecnologías de punta, me refiero a las **monedas digitales**, se les llama "monedas" porque a diferencia de otras formas de dinero digital que se encuentran en forma de **cuentas personalizadas** estas poseen un **valor al portador** y eso hace que puedan ser comerciadas fuera de una institución de forma independiente, pero también eso hace que sean susceptibles de ser robadas físicamente si se roba el hardware (computadora, disco duro, memoria, etcétera) en el que están guardadas, las monedas digitales son programas computacionales (software) y comparten varias características con los **billetes** y te las mencionaré a continuación: Son creadas por una institución emisora que las respalda; esa institución solo produce una cantidad limitada de unidades, esto con la finalidad de disminuir el riesgo de producir una **banca rota**; cada moneda digital producida tiene un numero identificador único (el equivalente al número de serie de los billetes); posee elementos para evitar que sea falsificada, las monedas digitales son encriptadas y solo pueden ser desencriptadas por computadoras de alto rendimiento que son costosas y por lo tanto pocas personas pueden poseer una; su valor proviene de un proceso llamado "minería" que consiste en que varias personas crean un fondo con dinero el cual se utiliza para la compra y venta de monedas digitales, eso da la confianza a los usuarios de que en el momento que lo decidan pueden intercambiar sus monedas digitales por **dinero en moneda nacional**, se trata de un proceso similar al de los primeros bancos solo que en lugar de estar respaldadas por las monedas de metales preciosos o por metales preciosos en bruto que provenían de las minas ahora el respaldo es en dinero y monedas modernas, es decir: Es "dinero digital con valor al portador" que es minado con "dinero digital bancario" que es minado con "dinero físico" y en lugar de entregar un recibo de papel o billete que acredita el depósito del dinero lo que se entrega es un "recibo digital" o cripto-moneda. Lamentablemente las características del dinero digital lo hacen atractivo principalmente para el segmento de la población dedicado

57

a labores ilegales pues les permite realizar intercambios fuera de la observación y alcance de los sistemas bancarios y de justicia, es por esa situación que actualmente varios países planean crear sus propias **monedas digitales** utilizando tecnología de punta (computadoras cuánticas) y para ayudarlas a ser más seguras estas monedas guardarán un registro de todas las transacciones mediante una tecnología llamada **block-chain** y gracias a ese registro de transacciones será muy difícil que sean robadas, falsificadas o usadas para actividades criminales pues se podrán rastrear todos sus intercambios.

Problemas Actuales

Cuenta una historia que un hombre muy rico perdió toda su fortuna y decidió pedir limosna en un lugar en el que él sabía que asistían personas muy adineradas pero para su sorpresa casi nadie le ayudó, entonces un hombre que lo vio pedir limosna se le acercó y le dijo: "Ven conmigo, te llevaré a un lugar en el casi todas las personas te van a dar dinero". Aquel hombre accedió a ir y entonces llegaron a una sala de espera de un hospital en el que atendían a personas muy pobres, el hombre comenzó a pedir limosna y recibió una buena cantidad de dinero, entonces le dijo: "no entiendo ¿por qué aquellas personas que poseen tanto dinero no me ayudaron y estas personas que poseen poco me ayudaron a pesar de estar pasando por la pena de tener un familiar enfermo?" Entonces el hombre que lo llevó a ese lugar le contestó: "Estas personas saben lo que es tener poco y necesitar ayuda por eso pueden ser empáticos contigo, pero las personas ricas no conocen de carencias o de necesidades, tampoco saben de pobreza, esos son temas que les son ajenos o lejanos y para algunos hasta son temas desconocidos".

Algunos creen que la razón por la cual existen ricos y pobres tiene mucho que ver con el sistema personal de creencias de cada persona, a cierto tipo de creencias les llaman "mente millonaria" y a otro "mente pobre" aunque existen muchas formas de obtener mucho dinero, algunas legales y otras que no lo son la principal de ellas se rige por una sencilla formula: "Compra barato y vende caro" esta idea es uno de los principales componentes socioculturales de la clase económica alta y que las personas de clase económica baja no pone en práctica pues al estar consientes del gran trabajo que implica producir y que el comprar caro resta poder adquisitivo consideran inmoral el vender caro pues están consientes que de hacerlo podrían perjudicar a las demás personas.

60

Capítulo 3

problemas actuales

3.1 ROBOS Y CRISIS ECONÓMICAS

El **robo** es un delito que consiste en despojar a alguien de Algo, es un concepto bastante fácil de entender; "quitarle a alguien algo que le pertenece" o por lo menos así era hace miles de años cuando las únicas propiedades de las que una persona podía ser despojada eran los objetos que fabricaba o recolectaba de la naturaleza, pero ahora existen más tipos de propiedades: Títulos de propiedad (documentos), ideas (derechos de autor), información, cuentas de dinero, etcétera, para cada tipo de propiedad se han creado nuevas formas de robo y la aparición de estas variantes ha provocado que también aparezcan nuevos tipos de víctimas, incluso ahora existen personas que pagan por robos que le realizaron a otras personas y debido a que existe esta gran variedad de **propiedades**, **modalidades de robo** y **victimas** el término "robo" se ha vuelto ambiguo y ahora hay acciones que deberían llevar ese nombre y otras que lo llevan aún sin serlo. En el capítulo anterior te hablé sobre cómo nacieron algunos tipos de robos y cómo las soluciones que se aplicaron han ayudado a moldear nuestro actual sistema económico, ahora vamos a profundizar más en el tema y los vamos a catalogar pues existen robos que son directos

62

como los asaltos y los hurtos y otros que se realizan mediante fraudes en los que se utilizan mentiras y falsificaciones y recientemente aparecieron los robos electrónicos en los que se utiliza la tecnología de las computadoras, también analizaremos quién o quiénes son los **afectados**, algunas de sus consecuencias y quiénes son los **repositores**, es decir, el o los encargados de reponer lo que fue robado pues aunque se nos ha enseñado que el encargado de reponer lo robado debería ser el ladrón las complejidades del sistema económico permiten que no siempre sea así:

<u>Asalto</u>:Es un tipo de robo en el que se utiliza la violencia o la intimidación, normalmente el asaltante utiliza algún tipo de arma.

Afectado: La persona asaltada.
Repositor: El ladrón, en caso de ser atrapado.

<u>Hurto</u>: En este tipo de robo no se utiliza la violencia, el ladrón sustrae los objetos sin que el dueño de esos objetos se de cuenta.

Afectado: El dueño de los objetos robados.
Repositor: El ladrón, en caso de ser atrapado.

<u>Timo</u>: El ladrón usa engaños para hacer que la víctima entregue sin oponer resistencia algún objeto, la mayoría de las veces lo hacen a través de pedirlo prestado para después apoderarse de el o hacer que su dueño lo deje en cierto lugar del cual el ladrón después puede hurtarlo fácilmente.

Afectado: El dueño de los objetos robados.
Repositor: El ladrón en caso de ser atrapado.

<u>**Falsificación de monedas**</u>: Existen distintos tipos de falsificaciónes de monedas, como el usar una moneda hecha de algún metal barato y despues chaparla con un metal caro como por ejemplo el oro para

63

hacerla parecer que es completamente de ese metal, otro metodo es el falsificar una moneda nacional o las monedas usadas en mercados cerrados pero este tipo de falsificaciones se han vuelto poco comunes pues el costo de producirlas y el costo al que se pueden vender es muy parecido asi que esta forma genera pocas ganancias a los falsificadores, tambien existe la falsificación de monedas antiguas o raras porque su valor es muy alto para los coleccionistas.

Afectado: El comprador de las monedas falsas.
Repositor: El falsificador en caso de ser atrapado.

<u>Falsificación de billetes</u>: A diferencia de la falsificación de monedas nacionales la falsificación de papel-moneda nacional es un practica más abundante pues la diferencia entre el costo de producción y el precio al que se pueden vender puede dejarle grandes ganancias a los falsificadores, también existe la falsificacion de billetes antiguos o raros para venderlos a coleccionistas.

Afectado: El comprador de los billetes falsos.
Repositor: El falsificador en caso de ser atrapado, pero tanto en este caso como en de las monedas falsas también puede ser la persona que fue descubierta vendiéndolas y ya que esas monedas y billetes pueden funcionar perfectamente como dinero hasta ser descubiertas que son falsas pueden pasar por muchas manos, en este caso la persona que lo descubre debe pedir una devolución a la persona que le pagó con ese billete y así sucesivamente hasta llegar al falsificador, pero si una de esas personas no puede localizar o no sabe quién le entregó ese billete entonces se convierte en la única persona afectada de toda esa línea de compradores y vendedores.

64

Fraudes: Existe una gran variedad de fraudes, estos utilizan engaños y en muchas ocasiones utilizan algún tipo de falsificación de objetos, documentos o información, algunos fraudes pueden ser tan complejos que requieren de muchos pasos, de muchos elementos y de muchas personas que participen en su realización.

Afectado: El o los defraudados.
Repositor: El o los defraudadores en caso de ser atrapados.

Morosidad: Consiste en pedir un prestamo o solicitar un producto o servicio a credito y no pagarlo.

Afectado: La empresa, banco o persona que otorga el crédito o préstamo.
Repositor: El Moroso después de que se realice un juicio por incumplimiento y se ejecute un embargo, pero en el caso de créditos pequeños estos casi nunca se realizan pues el costo de pagar los servicios de un abogado que lleve a cabo la demanda puede terminar siendo mayor al de la deuda, en estos casos si se trata de un particular este da por perdido ese dinero pero si se trata de un banco o una empresa estos suelen aumentar los costos de sus productos o servicios para compensar lo robado, cuando esto sucede los repositores son los demás clientes de esa empresa o banco.

Desvío de fondos: Los gobiernos y empresas pueden crear fondos de dinero que serán utilizados en la realización de labores o proyectos especificos, los encargados de dirigir esos proyctos pueden robar una parte de ese dinero y después engañar a sus superiores haciedoles creer que el dinero sí fue utilizado en la realización del proyecto comprobandolo mediante documentos falsos. Los desvíos de fondos son una de las formas más complejas de fraude pues suelen requerir de la participación de varias personas y de muchos documentos falsos.

Afectado: La empresa o el gobierno que otorga los fondos, pero al final los verdaderos afectados son los ciudadanos que pierden el beneficio de lo que se hubiera realizado con ese dinero.

Repositor: El o los participantes en el desvío de fondos en caso de ser atrapados, en el caso de las empresas estas pueden elevar los precios de sus productos o servicios lo que provoca que sean sus clientes los que repongan ese dinero robado.

<u>Hacks</u>: Son varios tipos de tecnicas que se utilizan para obtener información ya sea que se trate de informacion que se pueda vender o información personal de las victimas que pueda ser utilizada para acceder a su cuenta bancaria para sustraer dinero de esta, los "hackers" necesitan cierto nivel de conocimiento en computación y redes de computadoras que les permita recabar, interceptar, clonar o sustraer la información.

Afectado: El dueño de la información o de la cuenta de dinero.
Repositor: El Hacker, en caso de ser atrapado.

¿Cuál es la relación que existe entre los robos y las crisis económicas? Las **crisis económicas** surgen cuando uno de los elementos del sistema económico se detiene o se desacelera y al estar todos los elementos interconectados lo que le suceda a uno puede afectar a los otros, existen crisis económicas provocadas por fenómenos naturales como huracanes, tormentas, incendios, etcétera, estos afectan creando destrozos en las

propiedades de las personas y también afectan a la **producción**, por ejemplo, al echar a perder los cultivos o crear destrozos en fabricas o también pueden afectar a la **distribución** cuando afectan a las vías de comunicación o medios de transporte, como por ejemplo cuando las lluvias provocan deslaves que bloquean carreteras y eso impide que las mercancías lleguen a un región, este tipo de crisis suelen ser locales y afectan solo a una pequeña parte del territorio de un país y gracias a la tecnología es posible transportar desde regiones remotas todo lo necesario para restaurar la economía de la región afectada, también existen crisis económicas de mayor magnitud que están relacionadas con el elemento más grande e importante del sistema, es decir el **dinero** y estas principalmente suceden por situaciones relacionadas con el **sistema bancario** pues ahí se guardan grandes **fondos de dinero** que pertenecen a empresas y gobiernos y cuando el sistema bancario queda en banca rota o se detiene parcialmente las empresas, los gobiernos y las personas no pueden acceder a su dinero lo cual provoca que no puedan comprar y eso afecta a la parte del **comercio** que a su vez termina por afectar a las otras áreas al generar cierres parciales o totales de empresas y esto genera **desempleo** y aumento de **precios** que terminan por generar más **pobreza** y a la vez la pobreza genera otros problemas. Las **banca rotas** de los bancos tienen que ver además de los malos manejos con los **robos** pues estos hacen que sus fondos disminuyan; los **asaltos** a los bancos, la **morosidad** de sus clientes, el **hackeo** (robos electrónicos) el **desvío de fondos** y el **hurto** de dinero por parte de sus propios empleados, la **falsificación de documentos** o la creación de **documentos sin fondos**, los **fraudes**, etcétera, son robos que menguan los fondos de los bancos, pero debido a que esos fondos son enormes es posible que los bancos sigan funcionando de forma normal durante mucho tiempo, ese hecho hace que no se tomen medidas a tiempo para sanear sus finanzas y evitar así las crisis. A pesar de que los bancos son instituciones privadas cuando estos no funcionan bien pueden repercutir negativamente a nivel social al poder generar crisis económicas, por eso lo más conveniente es que san tratados como instituciones de la comunidad y por lo tanto recibir la supervisión del gobierno, por eso en tiempos modernos muchos gobiernos participan activamente creando leyes que regulan a los bancos y se encargan de supervisar que cumplan con esas normas e incluso hay gobiernos que han rescatado a bancos de la banca rota prestándoles dinero o comprando los contratos de su deudores como sucedió en México con el FOBAPROA (fondo bancario de protección al ahorro), esas acciones han provocado que los **repositores** de todo ese dinero sea toda la sociedad, es decir que en ocasiones, incluso sin saberlo, hemos sido repositores colaborando para pagar por los robos que realizaron otras personas.

3.2 DESEMPLEO

El desempleo es un fenómeno reciente que apareció con la expansión del uso del dinero y que surge principalmente en las ciudades, en el pasado el uso del dinero era complementario a las labores de producción para el auto consumo pues la mayoría de las familias se dedicaban a la agricultura y cría de animales, construían ellos mismos sus casas y obtenían agua de pozos o de ríos cercanos y de vez en cuando vendían alguno de los animales que criaban o de los frutos que obtenían de sus cultivos y usaban ese dinero para comprar cosas que ellos mismos no podían producir, como por ejemplo: Ropa, calzado, herramientas, etcétera, el avance del dinero y de la ciencia favoreció la creación labores y de oficios cada vez más complejos y especializados algunos de los cuales requieren de años de estudios y práctica para ser dominados y ya que gracias al dinero y el comercio las personas podían intercambiar su salario por comida, agua, casa, etcétera, las personas dejaron de realizar otras labores de producción para su propio consumo y dedicaron la mayor parte de su tiempo a una actividad económica principal que les permitiera ganar suficiente dinero, es decir a su **empleo** o **negocio** y cuando por alguna razón la persona renuncia a su empleo o es despedida o tiene que cerrar su negocio puede pasar un largo tiempo hasta que encuentre un nuevo empleo o actividad lucrativa, durante ese periodo pueden sobrevivir gastando dinero de sus **ahorros** o vendiendo algunos de sus artículos o propiedades, pero en el caso de las personas **pobres** estas no ganan suficiente dinero para generarse un ahorro y disponen de pocos objetos y propiedades que puedan vender, en ese caso suelen pedir préstamos por los cuales terminan pagando **intereses** que terminan por empobrecerlos más, también esos periodos en los que están desempleados pueden generar en la persona que vive esa situación estrés que a su vez puede generar conflictos familiares y también puede generarles desnutrición y problemas de salud.

3.3 EL CAPITALISMO Y LA PLUTOCRACIA

El origen etimológico de la palabra "**rico**" proviene del gótico "*reiks*" que significa "**poderoso**" y esta palabra tiene la raíz indoeuropea "*Reg*" que tiene relación con "derecho" y "destreza" en referencia al lado derecho del cuerpo el cual es más **fuerte y diestro** y según el diccionario de la lengua española el antónimo de la palabra "rico" es la palabra "**pobre**" la cual proviene del latín **Pauper** cuyo origen etimológico es *"Páu-per-os"* que equivale a *"que produce poco"* (**Paucus** "poco" y **parĕre** "engendrar") originalmente esa palabra se usaba para referirse al ganado que engendraba poco y después también fue usada por los agricultores para referirse a las tierras que producían poco pero ahora se usa para referirse en general a cualquier cosa que produzca poco y para saber a qué tipo de producción se refiere hay que conocer el contexto en el que se está utilizando, si por ejemplo unos pescadores atrapan pocos peces pueden decir que tuvieron una "pesca pobre" si en deporte se dice que un equipo tuvo un "resultado pobre" puede referirse a que han tenido varias derrotas y por lo tanto han producido pocos puntos en una competencia, al estudiar el origen de la palabra "**pobre**" y de la palabra "**rico**" podemos notar que estamos cometiendo un error al considerarlas antónimos pues la palabra pobre significa "que produce poco" y la palabra rico significa "poderoso" o "el lado más fuerte", cada una se refiere a un tema diferente pues una habla sobre producción y otra sobre poder o fuerza, se me ocurren dos posibles razones por las cuales cometemos ese error: La primera posibilidad es que esas dos palabras no sé refieren a la condición de poseer poco o mucho dinero sino a sus consecuencias: Una persona con poco dinero tiene una pobre capacidad para comprar productos y servicios y una persona con mucho dinero tiene más poder, no solamente de **compra** sino también en relación a lo social, a lo legal, al gobierno y al sistema económico; La otra posibilidad es que esas dos palabras tienen un origen muy antiguo anterior a la existencia del dinero, de épocas tan antiguas como la de las ancestrales **tribus (ver capítulo 2.1 al 2.2)** en las que las personas que tenían muchas posesiones eran los que tenían más **fuerza y destreza** para fabricar u obtener objetos, mientras que los que tenían pocas posesiones eran los que **producían poco** (holgazanes, perezosos y personas sin destreza, habilidades o conocimientos) pero con el uso del **dinero** eso se ha invertido y ahora la mayoría de las personas que poseen más fuerza física y habilidad trabajan como obreros y ganan salarios bajos, (son **pobres**) y algunas personas que solo aportan su capital, es decir, que prestan su dinero para financiar actividades económicas mas no aportan trabajo físico ni mental o personas que realizan grandes **robos** de dinero son personas que poseen mucho dinero (son **ricos**). He comenzado haciendo estas reflexiones sobre el significado de las palabras a modo de introducción para hablar de otras dos, que aunque no aparecen en el diccionario como sinónimos de la palabra "rico" bien podrían serlo por referirse también, aunque de un modo diferente, al mismo tema; me refiero a las palabras "**capitalismo**" y "**plutocracia**", ya quedó explicado el significado, origen y posibles usos de la palabra "**rico**" ahora analizaremos la palabra "capitalismo"; esta palabra es un neologismo formado por la raíz del latín "**capital**" que se refiere al conjunto de bienes compuesto por dinero y propiedades y el sufijo "ismo" que significa doctrina o sistema, fue creada por *Carl Marx* para resaltar el hecho de que aunque vivimos en una época llamada **liberalismo** la cual es llamada así porque todos poseemos las mismas libertades lo cual se entiende en que tenemos las mismas **responsabilidades** y los mismos **derechos** estos en la práctica resultan ser proporcionales al **capital** que se posee, es decir, que una persona que posee mucho capital le resulta mucho más fácil acceder a puestos de gobierno, poseer más propiedades privadas y tiene también más poder adquisitivo de productos y servicios, mientras que a una persona que posee poco dinero, por ejemplo un obrero, le resultaría prácticamente imposible ocupar un puesto de gobierno pues no tendría ahorros ni recursos para pagar una campaña electoral ni por lo menos disponer de tiempo para ser miembro de un partido político y crear en el una carrera política que le permita contender por una nominación, esto provoca que aunque en la mayoría de las constituciones políticas de los países se establecen como **democracias representativas**, es decir, que se rigen por un sistema en el que en el gobierno todos los sectores de la sociedad deben tener uno o varios servidores públicos que lo representante y participen en la toma de decisiones para que de esa forma el gobierno actúe a favor de todo el colectivo y no solo a favor de un solo sector de la sociedad, eso existe solo por escrito, pues en la práctica las personas más pobres no tienen representación a pesar de ser en varios países el sector mayoritario y al estar los cuerpos de gobierno mayoritariamente formados por personas ricas podríamos decir que en la práctica son gobiernos plutocráticos, la palabra "**plutocracia**" proviene del latín "*ploytos*" que significa: riqueza, fortuna, abundancia, tesoro y la segunda raíz "*kratia*" que significa: poder, gobierno, o sea "el gobierno de los ricos" y aunque las personas que gobiernan pueden ser buenos gobernantes o malos gobernantes independientemente de si provienen del sector socioeconómico alto, medio o bajo no podemos pasar por alto el hecho de que la mayoría de los gobiernos no son como lo dictan sus propios estatutos y que existen muchos problemas que se derivan de ese hecho y que además la riqueza también genera otros problemas y a continuación voy a nombrar algunos de ellos:

<u>Corrupción del gobierno</u>: En la sociedad existen dos tipos de labores: Las que se realizan para satisfacer deseos o necesidades individuales y las que satisfacen necesidades o deseos de la comunidad, los gobiernos, independientemente del modelo que adopten, se encargan de satisfacer las necesidades de la comunidad en la que gobiernan, sin embargo en ocasiones su función es corrompida, eso sucede cuando algunas de esas labores comunitarias entran en conflicto con labores individualistas y

aunque prácticamente en todas las sociedades el bien común está por encima de intereses privados y dichos conflictos deben de resolverse en favor de la comunidad hay ocasiones en las que individuos que poseen un gran capital ejercen influencia u ofrecen grandes sobornos a funcionarios de gobierno para que esos conflictos se resuelvan a favor de sus intereses y dependiendo del conflicto se puede llegar a afectar a pequeños o grandes segmentos de la sociedad e inclusive afectar al gobierno mismo, a esto se le llama corrupción pues la palabra "corromper" significa: Alterar y trastocar la forma de a go, echar a perder, depravar, dañar o pudrir algo.

Contaminación: Prácticamente todos colaboramos en la generación de la contaminación y daños al medio ambiente ya sea con la basura que generamos o los medios de transporte que utilizamos, pero la tecnología ha avanzado tanto que disponemos de las técnicas y aparatos que nos permitirían reducirla significativamente, sin embargo, estas tecnologías se utilizan poco debido a que los grandes capitalistas dueños de fábricas y empresas que se dedican a la obtención de materias primas, su transportación y su transformación evitan su uso para de esa forma disminuir sus gastos y obtener más ganancias (plusvalor) esto se debe a que si aplicaran dichas tecnologías harían que el precio de sus productos se elevara y se volvieran menos competitivos o recibirían menos ganancias y aunque muchos países han creado leyes que obligan a las empresas a utilizar dichas tecnologías muchas prefieren corromper al gobierno pagando enormes sobornos ya que en algunas ocasiones gastan menos dinero de esa forma que implementando esas tecnologías, por eso las multas monetarias no resultan ser una buena solución pues mientras que una fabrica pequeña se ve obligada a cumplir con las normas pues pagar una multa le resulta muy costoso y podría ponerla en riesgo de banca rota a las grandes fabricas les resulta más barato pagar esa misma cantidad en multas que implementar las tecnologías necesarias para contaminar menos.

Monopolios: Una de las tantas maneras que existen para elevar el plusvalor (plusvalor es la cantidad extra que se suma al costo de compra o de producción para establecer un precio, también se conoce como "ganancia" o "valor agregado") es la creación de monopolios, es decir, que en una región toda la producción de un producto o servicio quede en manos de un solo dueño o grupo de socios de modo que puedan fijar un precio elevado y a los consumidores no les quede otra alternativa que pagar esos precios caros. Actualmente casi todos los países poseen leyes anti monopolios que castigan algunas de las prácticas utilizadas para crearlos como por ejemplo: El sobornar a funcionarios de gobierno para que estos impidan que se establezcan en la región empresas que produzcan el mismo tipo de productos o servicios; el usar la violencia o sobornar a funcionarios de gobierno para expulsar a empresas competidoras a otras regiones; crear acuerdos entre competidores para aumentar todos al mismo tiempo los precios de sus productos.

Mercadotecnia: Es una de las ramas de las ciencias de la economía, se encarga del mejoramiento de las técnicas de venta pero varias de esas técnicas se basan en engaños como: El de exagerar las cualidades de un producto o servicio o el ofrecer información distorsionada que favorezca su venta y también utilizan algunas técnicas que utilizan la manipulación psicológica, estas técnicas afectan el bienestar físico y mental de algunas personas pues pueden provocar que compren productos pensando que son sanos cuando no lo son, también pueden generar una idea distorsionada sobre la obtención del bienestar emocional propio.

Pobreza: la pobreza surge como consecuencia de algunas de las prácticas que se realizan para producir riqueza, pero esto sucede de un modo complejo, por eso voy a dedicar en este capítulo un apartado completo para explicar cómo surge y varios de os muchos problemas que se derivan de esta.

Ahora analizaremos cómo una persona puede adquirir un gran capital, es decir el cómo puede volverse rica, existen varias formas mediante las cuales una persona puede adquirir riqueza monetaria:

Mediante el comercio: Produciendo o comprando un producto a un precio bajo y después vendiéndolo a un precio alto para obtener una ganancia monetaria alta, mientras más grande sea el plusvalor de los productos o servicios vendidos o mientras mayor sea la cantidad de unidades vendidas o ambas al mismo tiempo mayor será la cantidad de dinero que obtenga el comerciante.

Mediante un salario o cobro de honorarios: Existen pocos empleos por los que se pague un salario u honorarios tan grandes que le generen a la persona que lo realice una gran riqueza y la mayoría de esos empleos se utilizan para generar un gran comercio del cual se obtienen grandes cantidades de dinero del cual proviene su paga, por ejemplo: Algunos músicos que venden miles o millones de copias de su música o realizan conciertos a los que asisten cientos o miles de personas; deportistas de alto rendimiento a los que asisten miles de personas a sus eventos deportivos y competencias; diseñadores cuyos diseños se utilizan para producir millones de unidades de alguna maquina o producto;

programadores que crean software del que se venden miles o millones de licencias de uso; escritores de libros de los cuales se venden miles de copias; etcétera.

Por herencia: El dinero puede pasar de una generación de una familia a la siguiente a través de la herencia, a ese capital se le llama "**fortuna familiar**", las fortunas familiares son uno de los elementos que dan forma al **nivel socioeconómico alto** y lo diferencian de los otros dos niveles.

Mediante Robo: Ya sea que se trate de un robo físico en el que el ladrón se apodere de grandes cantidades de monedas, billetes, documentos u objetos valiosos que después pueda vender o que el robo se realice mediante un fraude para sustraer o desviar dinero de un fondo, despojar de dinero a un grupo numeroso de personas o apoderarse de alguna propiedad que después pueda vender o utilizar para obtener más dinero.

Ganando un premio: Existen sorteos que reparten premios millonarios al azar como las "loterías" estos crean primero un "fondo" o "bolsa" de dinero mediante la venta de boletos numerados y después sortean un ganador al cual entregan el dinero acumulado en esa "bolsa".

De estas que nombré solamente las dos primeras son formas de crear riqueza monetaria mientras que el resto no la crean sino que la trasladan: En el caso de las **herencias** es el traslado de riqueza monetaria de una persona que tomó la decisión de nombrar un heredero o que por ley cuando el fallecido no dejó testamento se otorga a algún familiar; un **robo** de dinero ya sea que se trate de un hurto, un fraude, desvío de fondos o por cualquier otro medio es el traslado de riqueza de una persona a otra sin que esta esté de acuerdo y en el caso de las loterías estas primero crean riqueza mediante la venta de boletos es decir mediante **comercio** y luego trasladan el **premio** a una o varias personas mediante un sorteo, pero en el caso de obtención riqueza mediante el cobro de salarios u honorarios estos suelen estar vinculados a una actividad de **comercio** de la cual procede esa riqueza como la venta de boletos o de copias de música, libros, programas, etcétera, por lo tanto se asemejan mucho, a por ejemplo, las loterías, solamente unas pocas labores y solo en casos particulares pueden realmente generar riqueza, por ejemplo: Algunos médicos especializados que cobran mucho por sus servicios; algunos artistas que cobran mucho por sus obras (en estos casos el pago lo realizan particulares y no un gran grupo de compradores). Aparte de esos casos excepcionales la principal forma de obtener riqueza es mediante el "**comercio de gran plusvalor y volumen**".

¿Cómo se puede crear un gran plusvalor? Existen dos formas: La primera es mediante el aumento del precio de venta y la segunda es mediante la disminución de costos de producción o de compra y tanto una forma como la otra tienen ciertos límites, sin embargo existen empresarios y comerciantes que recurren a prácticas que no son éticas para superar esos límites y de esa forma hacer crecer el plusvalor de los productos o servicios que ofrecen; en el caso de los **precios** estos están limitados por el **mercado** es decir por la cantidad de dinero que las personas están dispuestas a pagar por ese producto, pero mediante técnicas de **mercadotecnia** se puede mentir sobre las cualidades de un producto o exagerar as o generar engaños para convencer a los compradores de que paguen más o que consuman más de ese producto; también se puede aumentar los precios mediante prácticas de **monopolio**; los costos de compra se pueden disminuir "regateando" los precios con los proveedores, es decir negociando precios más bajos, pero eso disminuye el plusvalor para el proveedor y puede provocar que este busque disminuir sus costos de producción para compensar esa disminución en sus ingresos; en el caso de productores se pueden disminuir costos al disminuir la calidad de sus productos o servicios, disminuyendo los **salarios** de sus **empleados** o mediante actos de corrupción de gobierno.

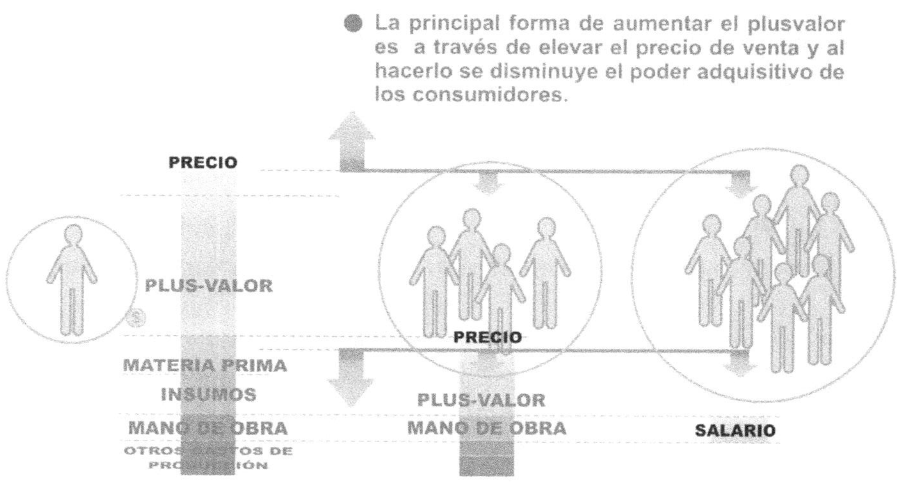

Debido a que los precios de los **productos**, **servicios** y **salarios** varían debido a estas prácticas utilizadas para aumentar **plusvalores** no existe una relación constante entre el salario que recibe una persona y lo que puede comprar con esa cantidad de dinero, puede suceder, por ejemplo, que con un salario de 3,000 $ hace veinte años se podía comprar dos veces más artículos que los que se puede compra en la actualidad, eso se debe a que el aumento del plusvalor de productos y servicios eleva los precios lo que provoca que disminuya la cantidad de producto que las personas podrían comprar con su salario, por eso se usa otra medida llamada "**poder adquisitivo**" que sirve para saber cuánto se puede comprar con una cantidad de dinero.

Las dos formas de aumentar el plusvalor, tanto el disminuir el costo de compra o de producción (comprar barato) como el aumentar el precio de venta (vender caro) terminan por disminuir el poder adquisitivo ya sea de forma directa al disminuir los salarios o ganancias o de forma indirecta al aumentar el costo de los productos y servicios, de modo que al aumentar los plusvalores eso provocará un aumento en la riqueza en un sector de la sociedad y lo disminuirá en otros, los más afectados por esas dsminuciones son las personas asalariadas y aunque la disminución del poder adquisitivo afecta a prácticamente toda la sociedad para las clases socioeconómicas media y alta esa disminución no representa un prob ema pues sus ingresos son grandes, además tienen mejores capacidades para enfrentar esas variaciones pues son los encargados de fijar la mayoría de los **precios** de las **mercancías**, **servicios** y **salarios**, estos precios son establecidos en primer lugar por personas del nivel socioeconómico alto como los grandes inversionistas o los dueños de grandes empresas y en segundo lugar por personas del nivel socioeconómico medio como los administradores de empresa, directores, contadores y comerciantes, mientras que las personas del nivel socioeconómico bajo como los obreros difícilmente pueden negociar su propio salario pues incluso este en muchas ocasiones lo establecen los empleadores.

3.4 POBREZA

En economía la palabra pobre se refiere a las personas que poseen poco capital lo que provoca que no puedan comprar algunos productos y servicios básicos y eso les genera algunas carencias que les impiden tener una calidad de vida optima, pero ese significado es engañoso y por eso a continuación vamos a aclararlo: Si hablamos de "**pobreza económica**" estamos utilizando un contexto muy amplio pues la economía se refiere a la forma como se administran los sistemas de **producción, distribución, comercio** y **consumo** de bienes y servicios y a su vez cada uno de estos abarca contextos muy grandes, por eso lo más conveniente es usar la palabra pobre en cada uno de estos:

Pobreza de producción: Es cuando lo que se produce no es suficiente para satisfacer las necesidades o la demanda.

Pobreza de distribución: Es cuando existe suficiente producción pero los productos no son transportados a los lugares donde se necesitan o solicitan.

Pobreza de comercio: Cuando hay productos pero hay pocas compras y ventas.

Pobreza de consumo: Cuando se consumen pocos servicios o productos y por lo tanto no se satisface la necesidad o demanda de estos.

Entonces, el significado de la palabra **pobre** según el diccionar o y la forma en como se utiliza popularmente se refiere a la **pobreza de consumo**, es decir a que una persona no está consumiendo los productos y servicios necesarios para lograr tener una buena calidad de vida, la pobreza de consumo puede tener varias causas que tienen que ver con los otros tipos de pobreza económica, por ejemplo: Una pobre producción provocaría una insuficiencia en el consumo; una producción suficiente, con una pobre distribución provocaría también un pobre consumo; una producción suficiente, con una distribución suficiente, pero con una pobre comercialización también terminaría produciendo una pobreza de consumo, sin embargo, los avances tecnológicos que existen actualmente permiten producir, distribuir y comercializar la suficiente cantidad de productos y servicios para satisfacer a todas las personas e incluso más, por eso la mayor parte de la pobreza de consumo que existe actualmente no proviene de la insuficiencia de ninguna de estas sino de una que no mencioné: la "**pobreza monetaria**", aunque la riqueza monetaria proviene principalmente del **comercio** (comercio de gran volumen y comercio de gran plusvalor) y esta a su vez genera pobreza monetaria debo aclarar que hablar de pobreza monetaria no es lo mismo que hablar de pobreza comercial, pues es posible realizar un comercio abundante pero obtener un resultado monetario pobre si los productos se venden a un precio barato o también se puede obtener con un pobre intercambio comercial una abundancia monetaria si el precio de los pocos productos vendidos es caro, por ejemplo: Una farmacéutica puede producir y distribuir una cantidad de un medicamento que es suficiente para satisfacer el consumo de los enfermos que la necesitan, sin embargo, ese medicamento pueden tener un precio tan elevado que solo pocas personas pueden comprarlo, de modo que su comercialización sería pobre y al mismo tiempo por su elevado costo

81

le produciría una riqueza monetarias a la farmacéutica; otro ejemplo es el de un grupo de agricultores que producen cientos de toneladas de un fruto y esa producción excede lo suficiente para satisfacer el consumo, pero un grupo de acaparadores en los mercados que monopolizan los sistemas de distribución y comercialización les compran los frutos a un precio muy bajo y esos agricultores a pesar de tener una producción muy grande se quedan con una **pobreza monetaria**, eso se debe a que <u>aunque la capacidad de monetización se relaciona de forma directa con la capacidad productiva y con la capacidad de comercialización esa relación puede variar en su proporción debido a cambios en los precios</u>, es decir que si disminuye el volumen de producción y ventas eso provocará una disminución proporcional de los ingresos monetarios pero esos ingresos monetarios pueden volver a aumentar si se aumenta el plusvalor (aumento de precios) y si se disminuye el plusvalor (disminución de precios) disminuirán en proporción los ingresos monetarios pero estos pueden volver a aumentar si se aumenta el volumen de producción y ventas, por lo tanto, aunque la obtención de riqueza monetaria se relaciona con todos los elementos del sistema económico el elemento que influye más es el **precio** . Debido a que el dinero con todas las mejoras tecnológicas que se le han agregado hasta nuestros días se ha convertido en un elemento tan eficiente para la realización de intercambios de productos y servicios, eso ha provocado que actualmente sea prácticamente el único medio con el que las personas pueden obtener los productos y servicios que necesitan, por eso, una persona que posee poco dinero tendrá una capacidad limitada de compra y a aunque casi todos los productos y servicios que se comercializan en los mercados locales, nacionales e internacionales los producen o realizan personas del nivel socioeconómico bajo, debido a que los intercambios se realizan mediante el uso del dinero aquellos que poseen más dinero pueden comprar más productos, por eso a pesar de que las personas que pertenecen al nivel socioeconómico alto tienen una muy pobre participación en la producción terminan por comprar y consumir la mayor parte del total de productos y servicios que existen en el mercado y por eso actualmente somos una sociedad en la que:

"Los que producen menos son los que consumen más y los que producen más son los que consumen menos"

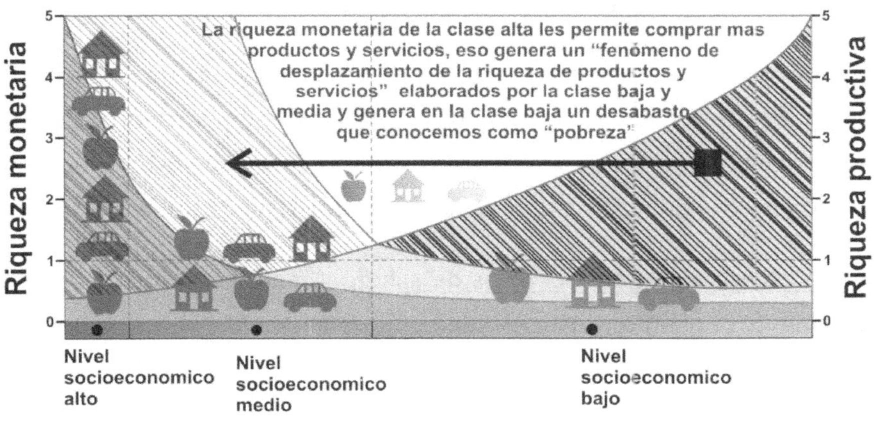

La riqueza monetaria se crea a través de un método muy simple: "comprar o producir barato y vender caro"

Las personas del nive socioeconómico bajo poco pueden hacer para obtener riqueza monetaria pues la mayoría de los precios no son establecidos por ellos sino por la clase socioeconómica media y por la clase socioeconómica alta

Muchas personas llaman a esto "distribución de la riqueza" pero se equivocan al llamarlo así pues en nuestro actual sistema económico eso no existe, para que realmente existiera algo así todos los productos y servicios disponibles en el mercado tendrían que pertenecer a una sola persona o a un grupo de personas que luego los repartirían entre todos, si fuera de ese modo entonces estaríamos hablando de un "sistema económico con distribución centralizada" pero nuestra economía es una "economía liberal" por lo tanto no existe una "distribución centralizada" sino "libres intercambios", ese concepto ficticio de "distribución de la riqueza" ha provocado que muchas personas crean que la solución a la pobreza es cambiar la forma como se distribuye la riqueza cuando en realidad lo que se debería cambiar es la forma de realizar los intercambios.

Algunos de los problemas que genera la pobreza son:

Deficiencias en la nutrición: Muchas enfermedades tienen su origen en la falta de consumo de algún nutriente, una mala alimentación también genera debilidad y falta de concentración lo cual también afecta el aprendizaje y disminuye la capacidad para realizar algunos trabajos

Falta de acceso a algunos servicios de salud: Muchos servicios de salud y medicamentos tienen un costo elevado que las personas pobres no pueden pagar.

Falta de acceso a servicios públicos: Como la electricidad o el agua potable y falta de acceso a servicios de educación.

Viviendas insalubres y riesgosas: Muchas personas que poseen poco dinero compran terrenos que tienen un bajo costo porque no tienen características apropiadas para la construcción de casas o porque se encuentran en zonas de riesgo por estar cerca de ríos o zonas de deslaves, por citar algunos ejemplos y tampoco pueden pagar los servicios de arquitectos ni de personal profesional que les diseñen y construyan una casa de buena manufactura, tampoco pueden comprar materiales de buena calidad y por trabajar largas jornadas de trabajo por un salario bajo no tienen tiempo ni dinero para realizar labores de mantenimiento, muchas de esas casas tienen mala ventilación, mala iluminación natural y artificial, humedades, hongos y moho, son demasiado frías o demasiado calientes, etcétera, todas esas características pueden generarles problemas de salud a las personas que las habitan.

3.5 DEBILITAMIENTO DEL NÚCLEO FAMILIAR

La dinámica familiar, es decir la interacción entre padre, madre e hijos ha cambiado a lo largo de la historia de la humanidad, en nuestras ancestrales **sociedades tribales** solía existir una mayor convivencia e interacción entre todos los miembros de la familia, el padre y la madre salían a recolectar, cazar o a realizar agricultura mientras que en la aldea se quedaban los miembros más viejos a los que ya se les dificultaba realizar trabajos pesados, ellos cuidaban la aldea y a los niños y los educaban transmitiéndoles su sabiduría y enseñándoles técnicas, de ese modo los niños convivían con otros niños, con los abuelos y con sus padres cuando estos regresaban de realizar sus labores, está convivencia es muy importante pues además de aprender a relacionarse socialmente también en los primeros años de vida el aprendizaje se basa en observar e imitar y es más adelante cuando comienzan a aprender a través de estudio y razonamiento, pero en la actualidad esa dinámica se ha modificado principalmente por la influencia del sistema económico y el uso del dinero, con la aparición de los salarios y el abandono de las actividades de producción para el auto consumo los hombres y mujeres tuvieron que repartirse el trabajo de una manera diferente; las mujeres comenzaron a quedarse en casa para cuidar de esta y a los hijos mientras que los hombres salían para realizar alguna labor con la cual obtener dinero a través de ganancias o un **salario**, por eso moralmente lo ideal es que él salario y las propiedades pertenezcan a ambos, sin embargo, en términos legales el salario y las propiedades pertenecen al hombre y este es libre de disponer de ellas a su voluntad, eso ha generado un desequilibrio en el "poder social" que poseen hombres y mujeres y al poseer más poder los hombres vivimos en lo que algunos llaman "patriarcado" es decir que gobiernan principalmente hombres de edad adulta y tercera edad, para solucionar esa situación se han creado varias leyes que protegen a las mujeres pero estas no han sido suficientes y muchas han optado por trabajar para obtener un salario y de esa manera equipararse en poder a los hombres, lo cual ha provocado que la convivencia de hijos con su padre y su madre disminuya preocupantemente, en la actualidad muchos madres solteras, hombres y mujeres que se separaron de su pareja o matrimonios en los que ambos trabajan dejan a sus hijos bajo el cuidado de sus abuelos u otros familiares, lo cual es parecido a como se hacía en la antigua época tribal, pero ya que vivimos en una época que se rige en términos de dinero los abuelos o quienes cuidan a los niños deberían de compartir el salario de los padres pues les están ayudando a la crianza de los hijos de estos, pero esto sucede pocas veces, también hay padres que prefieren pagar a una estancia infantil o guardería para que cuiden a sus hijos. Ya sea que se trate de un padre o madre rico que pasa mucho tiempo haciendo negocios o trabajando para ganar más dinero o que se trate de un padre o una madre pobre que salga a trabajar para ganar más dinero eso disminuye mucho la convivencia con sus hijos y eso afecta a su desarrollo emocional, social e intelectual.

SOLUCIONES PROPUESTAS

En el pasado la sociedad se dividía en nobles y plebeyos y estos se diferenciaban en que la nobleza se encargaba de buscar el bienestar para la sociedad mientras que los plebeyos solo se encargaban del bienestar de sus familias y el propio, luego apareció un nuevo estrato social que era una combinación de los dos: Los Patrones o burgueses. La nobleza no pudo adaptarse a los cambios generados por el uso del dinero, entró en competencia con la burguesía y los nobles cayeron en vicios que terminaron por provocar casi su completa extinción, pero los burgueses también cometieron vicios y la sociedad terminó por buscar liberarse tanto de ellos como de los nobles mediante la igualación de derechos y responsabilidades y de esa forma nació nuestra época actual a la que llamamos "era de la liberación". El dinero fue el elemento que permitió nuevas y mejores formas de organización y trasladó el poder de los nobles a los burgueses y después a todas las personas, fue en gran medida el "elemento liberador" pero ahora el dinero a permitido la aparición de tres nuevos estratos sociales: La clase socioeconómica baja, la clase socioeconómica media y la clase socioeconómica alta, cada una en función de la cantidad de dinero que pueden adquirir y por eso cada uno de estos grupos sociales enfrenta distintas problemáticas y dispone de distintas capacidades que afectan y benefician de varias maneras a los otros dos grupos

¿Qué hay que hacer cuando el mismo elemento que nos permitió liberarnos e igualarnos es ahora el elemento que nos divide y diferencia?

Capítulo 4

SOLUCIONES PROPUESTAS

4.1 SOCIALISMO Y LIBERALISMO

La palabra "**comunismo**" proviene del latín "***communis***" que significa común o compartido y el sufijo "***ismo***" que significa sistema o doctrina, se trata de sistemas sociales en los que todos sus miembros comparten entre ellos lo que producen. Han existido muchos tipos de sistemas comunistas a lo largo de la historia, desde las primitivas **sociedades tribales** y las primeras **aldeas**, pasando por las comunidades cristianas de principios de nuestra era y en este sentido también las distintas comunidades monásticas que poseen casi todas las religiones del mundo (son sociedades en las que un pequeño grupo de personas habitan dentro de un monasterio y comparten además del culto y las enseñanzas religiosa el trabajo y lo producido por este) y en siglos recientes han aparecidos formas más complejas de comunismo basadas en el uso del dinero, entre estas podemos mencionar a las **cooperativas**. De todas las formas de comunismo que existen la más famosa es el modelo propuesto por Karl Marx y Friedrich Engels, se ha intentado implementar ese sistema en distintos grados y con algunas variaciones en varios países durante algunos periodos de tiempo y en algunos lo siguen intentando, el sistema marxista y sus variantes alcanzaron tanta fama a nivel mundial que ahora la mayoría de las personas al escuchar hablar de comunismo automáticamente piensan en el y muchos creen que es la única forma de comunismo que existe y debido a los métodos que han utilizado sus promotores para implementarlo adquirió una merecida mala reputación, pero antes de hablar sobre el por qué la adquirió voy a comenzar explicando varios conceptos: Desde el comienzo de la civilización todas las sociedades poseen una combinación entre **comunismo** e **individualismo**, basta con salir a la calle y observar el pavimento, las banquetas, las lámparas de alumbraco público o ir a pasear a un parque, todos estos son elementos que sirven a cualquier persona y que fueron construidos por iniciativa de un gobierno que pagó por su elaboración con los impuestos de los ciudadanos, está es la parte *"communis"* (compartida) de la sociedad, es decir "lo que es creado por todos para ser compartido con todos", ahora observa tu ropa y tus zapatos, son objetos de uso personal que no se comparten y que fueron pagados por una sola persona, su pago no sé divide entre todos *"individŭus"* (que no se divide) es la parte individualista del sistema y ambas partes son necesarias para el buen funcionamiento social, por eso es importante recalcar que no existen sociedades que sean totalmente comunistas ni sociedades que sean totalmente individualistas y si existieran tendrían tantas carencias y problemáticas que serían aberraciones, por eso en la práctica lo que conocemos como sociedades comunistas son aquellas en las que en su combinación *communis-individŭus* predomina la parte comunista y las sociedades individualistas son aquellas en las que predomina lo individual y aquellas sociedades que tienen una mejor calidad de vida suelen ser las que tienen una buena combinación *communis-individŭus*, por ejemplo, varios países de Europa tienen actualmente los mejores niveles de calidad de vida y lo logran a través de una gran recaudación de impuestos y su correcta

93

utilización en proyectos sociales, pero cuando una sociedad no está equilibrada eso puede generar ciertos problemas, esto no quiere decir que se necesite aplicar el 50% de los recursos a la parte comunista y el 50% a la parte individualista, puede aplicarse un porcentaje mayor a cualquiera de las dos y lograr buenos resultados, los problemas surgen cuando uno de los dos es muy débil, esto puede suceder, por ejemplo, si se le quitan recursos a una parte para favorecer a la otra, recordemos que <u>las primeras sociedades surgieron justamente por el interés de crear cosas en comunidad porque el trabajo en equipo aumenta las capacidades de crear</u>, pero todo trabajo en equipo requiere de un jefe o una forma de gobierno que tome las decisiones y organice y reparta el trabajo, pero cuando nuestras ancestrales sociedades tribales comenzaron a crecer los jefes se vieron excedidos en sus capacidades para organizar a tantas personas y al no poder realizar bien su trabajo eso generó problemas en sus comunidades lo que provocó molestia y rechazo y algunos jefes para evitar perder su puesto se volvieron tiranos autoritarios lo que aumento el rechazo y a eso después se sumó que con el surgimiento del dinero aparecieron nuevas formas de administración basadas en contratos de trabajo y el dinero también le permitió a las personas autogestionarse y liberarse de la dependencia a una comunidad, así que con el avance en la utilización del dinero la parte *"communis"* de la sociedad se fue debilitando mientras que la parte *"individŭus"* se fue fortaleciendo y se creó un estado de **anarquía**, es decir de falta de gobierno y eso provocó carencias y problemas provocadas por la falta de trabajo en comunidad, por eso para solucionar esos nuevos problemas se decidió fortalecer nuevamente a los jefes, es decir al gobierno y a partir de esas épocas la humanidad ha vivido periodos que oscilan entre la debilitación de la parte *"communis"* y la debilitación de la parte *"individŭus"* y cuando esos desequilibrios aparecen

94

surgen movimientos civiles que buscan fortalecer la parte más débil: Cuando la parte débil es la **comunista** a los movimientos que surgen se les llama "**socialistas**" pues lo que buscan solucionar son los problemas que se crean por un excesivo individualismo, esos problemas se relacionan con el egoísmo, la competencia violenta, inmoralidad, etcétera y estos afectan principalmente al tejido social y cuando la parte débil es la **individualista** a los movimientos sociales que surgen se les llama **liberalistas** pues lo que buscan es resolver problemas relacionados con la tiranía y el autoritarismo que suelen acompañar a una sociedad que se volvió demasiado comunista y que con sus "imposiciones en favor de la comunidad" suelen disminuir las libertades individuales. Muchos de esos desequilibrios no surgieron de una forma planeada y consciente sino de forma natural como consecuencia de los cambios que van surgiendo durante la evolución del sistema económico, por eso rastrear su origen requiere de mucho estudio y análisis y estos estudios deben actualizarse pues caducan cada vez que surgen nuevos modelos económicos y sociales y eso ha generado grandes debates científicos que implican a muchas áreas; además de la económica también se incluye la sociológica, antropológica, política, psicológica y muchas más, algunos de los movimientos socialistas y de los movimientos liberalistas crean sus propias doctrinas basadas en estudio científicos o ideas sobre el origen de los problemas y en base a esos estudios adoptan postulados que les sirven para proponer soluciones, a estos se les llaman "**socialismo científico**" y "**liberalismo científico**", hablando del marxismo como un ejemplo de socialismo científico su postulado es que *"la historia es empujada hacia adelante por las tensiones entre las clases sociales por hacerse con el control de los medios de producción"*, en esta ideología la sociedad se divide en tres grupos: La **burguesía,** el proletariado y el lumperproletariado y bajo esta concepción de estos tres la burguesía está ganando en la posesión de los medios de producción gracias a elementos como el **dinero**, el **gobierno** y la **propiedad privada**, por lo tanto la solución que proponen es la desaparición de esos elementos, sin embargo no propone claramente una forma de lograrlo ni un sistema que los reemplace después de que sean eliminados y por eso podemos considerar que el marxismo es una doctrina incompleta, esto queda de manifiesto por las inconsistencias y contradicciones que aparecieron en los distintos planes que fueron propuestos para lograr su implementación, podemos catalogar esas propuestas en dos grupos: Las anarquistas, las cuales buscan desestabilizar al gobierno y generar un estado de caos que obligue el surgimiento de nuevas formas de organización social y las absolutistas, que buscan utilizar al estado como medio para lograrlo mediante un aumento gradual en el cobro de impuestos y el aumento en su uso para proyectos sociales, es decir: Quitar recursos a la parte *individŭus* para destinarlos a la parte *communis*, de ahí que al marxismo se le considere comunismo, pero la contradicción en esta última es que en la práctica utilizó como medio a los mismo elementos que busca eliminar, es decir, utilizó al **gobierno** para recaudar **dinero** de los empresarios los cuales seguían siendo dueños (**propiedad privada**) de la mayoría de los medios de producción, y luego repartieron ese dinero a la clase proletaria (nivel socioeconómico bajo). Además de esas inconsistencias su postulado también puede ser debatido: A pesar de que a las personas del nivel socioeconómico bajo les ayudaría hacerse con el control de los medios de producción pues así obtendrían más dinero la mayoría no poseen habilidades para administrar empresas y ni siquiera es algo que les interese hacer, así que es dudoso que dicha "lucha por hacerse con el control" exista realmente, también el hecho de ser una doctrina incompleta permitió que sus análisis históricos y sus postulados pudieran ser utilizados libremente por cualquier persona, en muchas ocasiones con malas intenciones, por ejemplo, algunos proletarios la usaron como excusa para vengarse de los abusos que sufrieron por parte de la burguesía y en algunos países democráticos los políticos la usaron para ganarse el apoyo de los proletarios (o clase socio-económica baja) pues son el grupo mayoritario, de esa forma en muchos países los partidos políticos socialistas-comunistas lograron ganar las elecciones Y después intentaron apoderarse de los medios de producción para usarlos en beneficio de la sociedad, pero al no tener claro el que harían después fue mayor la destrucción que lograron que la creación de mejores condiciones de vida para sus pobladores y fueron muchas las muertes, la violencia y la destrucción que provocaron las personas que usaron con malas intenciones las ideas marxistas, haciendo que esa doctrina adquiriera su mala fama y que en la actualidad la mayoría de las personas en el mundo la consideren una doctrina peligrosa.

4.2 CAPITALISMO SOCIAL

Esta solución se basa en campañas de concientización dirigidas a personas del nivel socioeconómico alto, tienen el objetivo de convencerlos de aportar capital a labores sociales para ayudar de esa manera a que personas del nivel socioeconómico bajo alcancen una mejor calidad de vida y también están dirigidas a los empleadores para que mejoren el trato y las condiciones que ofrecen a sus empleados. El capitalismo social se basa en cuatro principios: Libre emprendimiento, respeto a la dignidad humana, compromiso social y liderazgo humanista. El objetivo de esos principios es contrarrestar los efectos negativos que surgen de la riqueza monetaria, el capitalismo y la plutocracia (**ver capítulo 3.3**). Lo positivo de esta solución es que transmiten conocimiento sobre los efectos negativos y problemas que genera nuestro actual sistema económico y es bien recibida por este sector de la población pues en lugar de verlos como el origen del problema, lo cual les puede resultar incomodo, los ve como una fuente para solucionar los problemas derivados de la pobreza (**ver capítulo 3.2**) y al ayudar reciben un reconocimiento por parte de las personas o instituciones que reciben su apoyo. Lamentablemente esta solución ha logrado muy poco por varias razones: La idea de regalar el dinero ganado se contrapone a la búsqueda de las empresas e inversionistas de ganar cada vez más dinero y ya que la mayoría de las grandes empresas no son dirigidas por una persona sino por varios socios tendrían que estar todos de acuerdo para cambiar sus políticas o realizar algún donativo y es muy difícil lograr esos consensos. Otro factor que dificulta la labor del capitalismo social es que en pocas ocasiones los donativos llegan directamente a las personas que los necesitan, normalmente las empresas entregan el dinero a organizaciones no gubernamentales (ONG´s) o asociaciones civiles y estas suelen tener pesados gastos administrativos que absorben una buena parte del dinero de esos donativos, estas organizaciones, además, en muchos casos son creadas para pagar menos impuestos, esto se debe que en muchos países a las empresas les descuentan impuestos si aportan dinero a labores de beneficencia social y por eso algunas empresas crean sus propias asociaciones en las que en ocasiones colocan a otros de sus empleados pero pagándoles un solo salario a pesar de realizar labores en dos puestos de trabajo o incluso crean falsas asociaciones civiles, esas malas prácticas provocan que se desvirtúe el noble objetivo del capitalismo social.

4.3 MONEDAS COMUNITARIAS

Existen cientos de comunidades en todo el mundo que se han organizado para crear su propio dinero, normalmente se trata de comunidades rurales o pueblos originarios que se ubican lejos de las grandes ciudades, cada una de estas **monedas comunitarias** posee sus propias reglas y existen cientos de estas, por eso no puedo describirlas a todas pero la mayoría funcionan más o menos de este modo: Comienzan creando redes de productores y comerciantes y cuando han logrado reunir a cierta cantidad de participantes estos pagan una cuota y reciben a cambio una cantidad de monedas comunitarias, normalmente esas monedas se fabrican en forma de billetes o vales que los organizadores imprimen en papel (papel moneda) o de objetos que elaboran con técnicas artesanales como el tejido y después usan esas monedas para realizar intercambios comerciales entre ellos. Sus creadores dicen que las ventajas de usar monedas comunitarias es que estas no generan el pago de intereses ni causan crisis o devaluaciones, pero ¿Es eso cierto? En realidad no, el dinero en si no es la causa ni de las crisis, ni de las devaluaciones, ni del pago de intereses, recordemos que el pago de intereses surge de libres acuerdos entre el prestamista y la persona que recibe el préstamo, una persona o una institución financiera pueden ofrecer préstamos con por ejemplo un interés del 10%, entonces habrá personas que acepten recibir un préstamo y pagar ese interés y habrá personas que no quieran pagarlo y por eso decidan no recibirlo, las monedas comunitarias no pueden evitar que existan este tipo de acuerdos, también recordemos que el pago de intereses es solo uno de los varios factores que influyen en la creación de **plusvalor** y que las devaluaciones de las monedas y la regulación de la tasa de interés bancario que realizan los gobiernos sirven para mantener en buen estado el sistema financiero y que algunas de las crisis económicas son provocadas por malos manejos del sistema bancario, por morosidad de los usuarios de los bancos y en ocasiones por desastres naturales o inclusive por factores externos y ninguno de los antes mencionados tiene que ver con el dinero en si, pero ¿si las monedas comunitarias no cumplen con el beneficio que prometen por qué existen tantas de ellas? La razón por la cual se ha popularizado el uso de este tipo de dinero es porque son un símbolo de rebeldía, aquí en México y en la mayoría de los países está prohibido que se produzcan billetes o monedas, solamente instituciones autorizadas como las casas de moneda o los bancos centrales pueden elaborarlos y ha sucedido en muchas ocasiones en muchos países que alguna empresa o inversionistas descubren un lugar del cual pueden extraer materias primas como por ejemplo madera, petróleo o metales y entonces solicitan escrituras al gobierno para adquirir la posesión de ese terreno y poder explotar legalmente esos recursos y si ese lugar ya estaba habitado por alguna etnia o pueblo originario estas personas son desplazadas en contra de su voluntad y en muchas ocasiones si no hablan la lengua nacional les resulta casi imposible realizar una defensa legal de su territorio, también, cuando existen escrituras de esas tierras pero sus dueños no quieren venderlos los empresarios pueden utilizar métodos violentos para obligarlos a vender o crear falsas escrituras mediante el pago de sobornos, eso genera resentimientos hacía esos empresarios y gobiernos y en ese caso las monedas comunitarias envían un mensaje de rechazo pues las comunidades afectadas utilizan su propio dinero para independizarse política y económicamente y también puede darse el caso de comunidades muy alejadas a las que no llegan las monedas y billetes nacionales y por eso se ven en la necesidad de crear su propio dinero para utilizarlo dentro de su sistema económico.

100

4.4 LAS ECO-ALDEAS

Algunas personas que están cansadas del estrés, de la vida acelerada, de la contaminación y de la violencia y el crimen que se vive en algunas ciudades buscan salir de ese ambiente y mudarse lugares donde puedan vivir de una forma más tranquila y con una mejor relación con la naturaleza, por eso en tiempos recientes se inventó una nueva opción que se trata de un nuevo tipo de comunidades llamadas **eco-aldeas** (Aldeas ecológicas) y su método para lograr ese objetivo es retomar las técnicas de construcción, agricultura y organización social que se utilizaban en tiempos antiguos anteriores al uso del **dinero** y la aparición del **capitalismo** y para lograr el no depender de las ciudades buscan ser comunidades autosuficientes, eso quiere decir que sean capaces de producir suficiente alimento, energéticos e infraestructura para no tener que ir a las ciudades para adquirir cosas y de esa forma poder vivir en tiempo completo en ellas. Hasta el momento en el que estoy escribiendo este libro prácticamente ninguna de las eco-aldeas que se han construido en varios países han tenido éxito en su objetivo de lograr la autosuficiencia y eso se debe principalmente a problemas provocados por sus propios sistemas de organización y aunque cada eco-aldea crea su propio reglamento y posee su propia personalidad la mayoría se han creado más o menos de la siguiente forma: Primero un colectivo de personas se organiza para comprar entre todos un terreno, este suele ser un terreno forestal pues lo que buscan es estar cerca de la naturaleza, por eso los bosques y las selvas son los lugares más elegidos para su construcción o también pueden surgir por iniciativa de una sola persona que posea un gran terreno abundante en flora y fauna que invite a otras personas y familias a formar parte del proyecto, estos grupos de personas suelen tener gustos, filosofías e intereses en común y antes de iniciar la construcción se reúnen para crear acuerdos, el plan de desarrollo y el reglamento que va a regir a la comunidad, luego de realizar esos acuerdos el terreno se divide y cada familia paga para adquirir una de esas partes y comienza la construcción de su casa y al mismo tiempo se trabaja en la construcción de áreas comunes y de la infraestructura necesaria como caminos, depósitos de agua, plantas de tratamiento de aguas residuales, etcétera, pero esta forma de crearlas genera grandes obstáculos para que logren la autosuficiencia y voy a nombrar algunos de estos: En primer lugar deben de poseer una gran variedad de oficios para la realización de las distintas labores: Agricultores, constructores, artesanos, técnicos, obreros, administradores, maestros, médicos, etcétera, pero al ser creadas por personas que comparten gustos e ideologías suelen ser grupos muy homogéneos, por eso para cubrir las necesidades de la eco-aldea lo que hacen es aprender a realizar ellos mismos distintas labores y normalmente ofrecen cursos para sus miembros principalmente sobre temas relacionados con la construcción y la agricultura, pero aún así muchos de ellos no tienen aptitudes o una buena condición física para realizar trabajos pesados, eso se debe a que como el precio de construir una casa en una eco-aldea es elevado sus miembros provienen principalmente del **sector socioeconómico medio** lo cual los vuelve grupos aun más homogéneos y por eso pocos de ellos tienen la capacidad de realizar labores pesadas como la construcción y la agricultura, además, el precio de vivir en una eco-aldea es muy elevado por varios motivos, a pesar de que las casas suelen estar construidas con materiales como barro, piedra y madera y no se utilizan materiales caros como el acero, el aluminio o el concreto no es fácil conseguir mano de obra que conozca técnicas antiguas y domine el uso de esos materiales y los que las

102

conocen suelen cobrar más que los constructores convencionales, además, muchas de esas casas poseen equipos fotovoltaicos para abastecerse de electricidad, calentadores de agua solares, biodigestores para el tratamiento de sus aguas residuales y otras eco-tecnologías que son muy caras y a pesar de que los terrenos forestales tienen un costo muy bajo suelen venderse a sus miembros a un costo más elevado pues parte de ese dinero se usa para la construcción de la infraestructura de la comunidad y en muchas ocasiones sus habitantes deben de poseer vehículos todo terreno pues muchas de las eco-aldeas se construyen lejos de centros urbanos y solo existen brechas para llegar a ellas. Muchas de estas comunidades buscan lograr la no utilización de dinero y para ello realizan **trueques** y aportaciones de trabajo comunitario, en México a ese trabajo comunitario lo llaman "**Tequio**" es una palabra que deriva del náhuatl "*tequitl*" que se utiliza para designar al trabajo que realizan en conjunto varios miembros de la comunidad para construir obras de uso común como edificios públicos, caminos y puentes, también puede decirse que el tequio es una forma de pagar los **impuestos** con trabajo pues durante la época de la nueva España fue utilizada para cobrar tributo a las comunidades indígenas que quedaron bajo el gobierno español y hoy en día el tequio es utilizado por las comunidades que están marginadas por la inversión pública para lograr introducir servicios como electrificación, agua potable, construcción de clínicas, etcétera, el problema con el uso del tequio en las eco-aldeas es que muchas de estas comunidades reparten el trabajo de forma igualitaria, lo cual obliga, por ejemplo, a que miembros de la tercera edad realicen labores pesadas de construcción y agricultura y al no poder realizarlas eso los desanima y deciden abandonar la comunidad por sentir que no pueden aportar lo suficiente. Otro problema que padecen las eco-aldeas es que permanecen deshabitadas la mayor parte del tiempo, eso se debe a que la mayoría de sus miembros solo asisten a ellas durante el fin de semana y los demás días habitan en la ciudad, resulta difícil que habiten de tiempo completo en ellas porque en primer lugar debe de existir la autosuficiencia, de otro modo tendrían que transportarse todos los días grandes distancias al pueblo o ciudad más cercana para abastecerse de lo necesario para vivir, además, es intimidante vivir en una eco-aldea porque sus casas suelen estar muy alejadas unas de otras y casi siempre los servicios de emergencia se encuentran muy lejos y hay animales salvajes cerca, lo cual da a sus habitantes la sensación de estar solos en medio del bosque o la selva, la separación entre sus casas se debe a los reglamentos de protección ecológica que se aplican en ese tipo de terrenos pues solo permiten usar una pequeña porción para construir, por ejemplo por cada mil metros cuadrados de bosque solo pueden utilizar cien metros para construir, eso hace que exista una separación de por lo menos cien metros entre cada casa y por lo irregular del terreno y los árboles en pocas ocasiones los dueños de las casas alcanzan a ver desde ellas las casas de sus vecinos y eso llega también a dificultar la convivencia entre ellos causándoles la sensación de que durante las etapas de planeación eran un grupo muy unido y que después de construir sus casas y habitar en ellas se distanciaron, por eso muchos abandonan la comunidad a pesar de que esta lleve un gran avance y al disminuir su población disminuyen también sus posibilidades de alcanzar su autosuficiencia.

4.5 BANCOS DE TIEMPO

El objetivo de los bancos de tiempo es la no utilización de dinero para de esa forma evitar los problemas que se derivan de el, esto lo logran mediante el intercambio directo de trabajo por trabajo y para fijar el precio utilizan el tiempo, es decir que sus participantes pueden intercambiar, por ejemplo, una hora de su trabajo por una hora del trabajo de otra persona. A los bancos de tiempo los antecedieron los **mercados de tiempo**, estos funcionan en locales en los que se coloca un tablón de anuncios parecido a los de las agencias de colocación de empleos, en este las personas afiliadas colocan sus ofertas en las que incluyen: Una descripción de los trabajos que pueden realizar, los trabajos que solicitan a cambio y su información de contacto para que los interesados en realizar un intercambio puedan comunicarse y negociar. Después se agregó a los mercados de tiempo la idea de crear **cuentas de tiempo** en las que sus usuarios pueden guardar un conteo de sus horas trabajadas para después intercambiar esas horas ahorradas por horas de trabajo de otras personas, eso ayudó a que los intercambios no tuvieran que ser directos y a crear cuentas de **ahorro** lo cual agilizó mucho los intercambios de trabajo e hizo que los mercados de tiempo se convirtieran en **bancos de tiempo** y en la actualidad ya no necesitan de estar establecidos en un local físico pues pueden funcionar de manera digital mediante sitios web en Internet. Los bancos de tiempo tienen un alcance limitado pues no poseen un método para fijar precios de productos basándose en el tiempo invertido en su elaboración, así que solo pueden usarse para el intercambio de servicios, además su oferta de servicios está limitada por su cantidad de participantes y estas dos limitantes también hacen que no puedan usarse para emprendimientos que requieran del trabajo coordinado de muchas personas, como por ejemplo: La contratación de obreros para la construcción de una casa o de obreros para montar una línea de producción en una fábrica. Todas estas limitantes hacen que los participantes de los bancos de tiempo los utilicen solo como una actividad complementaria a su trabajo principal y los principales beneficiados son personas con alguna limitante física o personas de la tercera edad, por ejemplo: Una mujer de la tercera edad que sabe cocinar puede intercambiar su tiempo de trabajo cocinando por tiempo de trabajo de jardineros o de técnicos de mantenimiento que realicen reparaciones en su casa, pues aunque se tratara de trabajos que ella supiera realizar requieren de mucha fuerza física y es mejor que lo realicen persona con más fuerza, entonces, debido a que los principales beneficiados son personas con limitaciones físicas, económicas o ambas los otros miembros suelen participar principalmente para realizar una labor altruista y para fortalecer los vínculos entre los miembros de su comunidad.

4.6 CRÉDITO MUTUO Y CAJAS DE AHORRO Y PRÉSTAMO

El crédito mutuo consiste en que distintos productores y distribuidores ofrezcan facilidades de pago en sus productos entre ellos con el objetivo de evitar que tengan que pedir financiamiento a los bancos y pagar el interés que estos cobran, esta acción beneficia principalmente a pequeños productores. En la práctica el crédito mutuo ya existe pero a pequeña escala pues la mayoría de los productores ofrecen pequeños créditos a sus clientes o la opción de pagarles hasta una fecha de corte que suele ser cada quince días, el principal problema que enfrenta esta solución es que ese tipo de préstamos pone en riesgo las finanzas de la empresa que lo proporciona, pues de no recibir el pago en dinero o recibirlo de forma atrasada puede quedar en banca rota y tener que cerrar, por eso se han credo organizaciones que crean grandes redes de empresas y que realizan cálculos y estudios del mercado para fijar límites de crédito para que esta práctica sea más segura, sin embargo el temor a la banca rota hace que muchos empresarios prefieran no participar. Al ver los beneficios que se obtienen de esa práctica surgió una nueva idea similar pero que en lugar de usar productos usa dinero, esa idea consiste en qué sus participantes aporten una pequeña cuota semanal para crear un **fondo de ahorros** el cual casi siempre se guarda en una caja de seguridad de un banco o en una caja fuerte de uno de los participantes y por eso a ese fondo le llaman "**caja de ahorro**" y de esa caja de ahorro los miembros pueden solicitar un préstamo en el momento que lo necesiten, de ese modo ninguno aporta cantidades tan grandes que pongan en riesgo sus finanzas y si surgen retrasos o incumplimiento de pagos el daño se reparte entre todos de modo que crea menos afectación en lo particular. Uno de los inconvenientes de las **cajas de ahorro y préstamo** en comparación con las **redes de crédito mutuo** es que generan un gasto por el pago del servicio bancario de la caja de seguridad y los gastos que genera su administración, además, al utilizar dinero son más vulnerables a las distintas formas de robo, por eso muchas de estas organizaciones decidieron comenzar a cobrar intereses para que estos sirvieran para reponer las perdidas y también para hacer crecer los fondos y así aumentar su capacidad de préstamo y también lo hicieron para atraer a socios inversionistas los cuales más que estar interesados en recibir préstamos lo que buscan es recibir una ganancia con los pagos de los intereses, todo esto hizo que esas cajas de ahorro y préstamo se parecieran cada vez más a las instituciones financieras (Bancos) pero cobrando muy poco por sus servicios, funcionando como "pequeños bancos privados", después esa idea se utilizó para ofrecer servicios financieros al público y se crearon las "**cajas populares de ahorro y préstamo**" pero muchas de estas tuvieron malos manejos financieros o fueron utilizadas para operaciones de lavado de dinero y el gobierno intervino para regularlas así que se tuvieron que registrar bajo el modelo de **"empresa cooperativa"** y actualmente usan el nombre de **"sociedades cooperativas de ahorro y préstamo"**.

4.7 COOPERATIVISMO

Las cooperativas son un modelo de empresa en la que todos sus integrantes son a la vez dueños y empleados y por lo tanto entre ellos se comparte en forma igualitaria las ganancias y también la toma de decisiones, su principal beneficio es que sus trabajadores tienen mejores salarios en comparación con otros modelos de empresas. El **cooperativismo** es una iniciativa que busca apoyar a la creación de cooperativas para ayudar con estas a disminuir la pobreza, actualmente existen muchas organizaciones que orientan y ayudan a grupos de personas a crearlas y que además ayudan a crear redes de contacto entre las cooperativas, a esto se le conoce como **"red de cooperativismo"** pero a pesar de ser una buena propuesta y ser bastante viable ha crecido muy poco, eso se debe principalmente a que como todos sus miembros tienen voz y voto mientras más grande sea la empresa más difícil se vuelve el generar acuerdos y la toma de decisiones y eso ha limitado su crecimiento, a pesar de eso existen buenos ejemplos de empresas cooperativas de gran tamaño pero la mayoría de estas no fueron creadas bajo ese modelo sino que ya existían y después de pasar por problemas financieros fueron compradas a sus dueños por sus empleados. La mayoría de las empresas cooperativas se dedican a la producción agrícola y de alimentos y no suelen tener más de 40 socios. Algunos de los problemas que enfrentan es que muchos de los promotores que orientan a grupos de personas sobre cómo crearlas suelen cobrar sus servicios mediante la integración como socio pero sin trabajar en esta, por lo tanto obtienen una ganancia sin aportar al proceso de producción y otro problema similar es que al iniciar, en el caso de algunas cooperativas, sus socios no pueden aportar suficiente dinero para la creación de la empresa y tienen que invitar a socios para que aporten dinero más no para que trabajen, es decir que invitan a socios que actúen como inversionistas y eso termina por desvirtuar el objetivo del cooperativismo.

REFLEXIÓN SOBRE EL SISTEMA CAPITALISTA

Las innovaciones realizadas al sistema económico a lo largo de la historia se han enfocado principalmente a mejorar la producción, la distribución y el comercio y también en evitar los robos, ahora podemos comprar sin salir de casa mercancías que están al otro lado del mundo y recibirlas a domicilio, eso nos hace saber que la producción, la distribución y el comercio están alcanzando su máximo potencial y ese nivel de desarrollo fue posible gracias a invenciones como el dinero y a la participación del capitalismo y ahora que están alcanzando su máximo potencial debemos preguntarnos ¿qué sigue? ¿Cómo podemos mejorar más la economía? Aunque han sido muchísimas más las cosas positivas que hemos logrado con nuestro sistema económico también este nos ha ocasionado varios problemas, solucionar esos problemas es la forma de mejorar aún más la economía y nuestra sociedad, muchas ideas se han puesto en marcha para solucionarlos pero han tenido pocos resultados ¿Es posible que la mejor solución sea mudarnos a un nuevo sistema? de ser así en primer lugar ese nuevo sistema debe ser más o por lo menos igual de eficiente que el actual y en segundo lugar no debe de causar los mismos problemas y sobre todo debe solucionar la pobreza monetaria pues de

112

esta surgen varios problemas, solo así valdría la pena realizar tan grande cambio.

EL SISTEMA JORNALISTA

¿Qué es medir? Medir es el acto de comparar una cantidad determinada de algo con una unidad para establecer cuantas veces esta unidad ocupa un lugar dentro de dicha cantidad. En la antigüedad se usaban como unidades de medida de longitud las partes del cuerpo humano: Una pulgada era el grosor del dedo pulgar, un pie era la distancia entre el talón y las puntas de los dedos, un codo la distancia entre los dedos extendidos de la mano y el codo, etcétera, sin embargo las dimensiones de los cuerpos de cada persona eran diferentes y por lo tanto las medidas realizadas por una persona eran diferentes a las hechas por otra, esto provocaba grandes disgustos entre los comerciantes pues debido a estas diferencias en muchas ocasiones recibían por su compra una cantidad menor a la esperada de producto y tanto la ciencia como la economía requerían de unidades que fueran idénticas en cualquier parte del mundo, por eso se creó un sistema internacional de unidades en el que se establece como unidad de longitud el metro **(m)** que equivale a la longitud del trayecto recorrido por la luz en el vacío durante un intervalo de tiempo de 1/299 792 458 segundos. En este sentido los precios también pueden considerarse como una medida y su unidad es la moneda, sin embargo, las monedas también poseen un precio que se calcula, entre otras cosas, con el producto interno bruto del país que respalda esa moneda y a su vez el PIB se calcula con los precios de la producción, los cuales varían constantemente por varios factores, por lo tanto, los precios utilizan una unidad cuyo valor siempre varía.

116

Capítulo **5**

**EL
SISTEMA
JORNALISTA**

5.1 LOS MILIJORNALES

En los dos capítulos anteriores te hablé sobre algunos problemas y sobre algunas propuestas que se han llevado a la práctica para intentar solucionarlos, aunque existen muchos problemas más y también existen otras propuestas te he mencionado solo estas pues de cada una he tomado uno o más elementos que me sirvieron para darle forma al sistema jornalista cuyo objetivo es solucionar o por lo menos disminuir los efectos negativos principalmente de las problemáticas que mencioné, por eso a lo largo de éste y los siguientes capítulos te iré mencionando cuáles son esos elementos que tomé y el por qué lo hice y ya que la **riqueza monetaria** surge principalmente del manejo de los **precios**, es decir de la aplicación de grandes **plusvalores** o de los grandes volúmenes de ventas o ambos y que la creación de riqueza monetaria genera a la vez **pobreza monetaria** voy a

118

comenzar por hablarte del elemento que diseñé para evitar que eso suceda dentro de una **comunidad jornalista**, se trata de un elemento al que le di el nombre de "**milijornales**", la principal diferencia entre el sistema jornalista y otros sistemas económicos es que en el sistema jornalista los **precios** se fijan en base al tiempo de trabajo que se invierte en la elaboración de productos y servicios, por eso busqué una palabra en la que se unieran esos dos elementos "tiempo" y "trabajo" y la palabra que elegí fue "**jornada**" pues se refiere al tiempo que una persona dedica al día o a la semana a realizar un trabajo, en el sistema jornalista si una persona, por ejemplo, realiza jornadas de trabajo de seis horas al día y en una jornada realiza cinco servicios el precio de cada uno de esos servicios sería de 0.2 jornadas de trabajo (1 jornada ÷ 5 servicios), si una persona quisiera recibir uno de esos servicios tendría que dar a cambio 0.2 jornadas de su trabajo, de esa forma ninguno de los dos ni el que ofrece el servicio ni el que lo recibe tiene pérdidas o ganancias en sus jornadas, así logramos mediante el intercambio de jornadas tener intercambios equilibrados a los que llamo "**comercio imparcial**" pues al no generar pérdidas ni ganancias (plusvalores) no empobrecen ni enriquecen a las personas que los realizan. Los intercambios directos de jornadas de trabajo por servicios o productos y de productos y servicios por jornadas de trabajo serían en la práctica muy parecidos a la realización de **trueques de productos** y al igual que estos los **trueques de jornadas** enfrentan las mismas dificultades que expliqué en el capítulo 2.1, los trueques encontraron una solución a esas dificultades utilizando **productos denarios** (ver capítulo 2.2) y posteriormente utilizando el **dinero** (ver capítulo 2.3), sin embargo en el intercambio de jornadas de trabajo no es posible utilizar algo que sea equivalente a los productos denarios, es decir "jornadas denario" pues las jornadas no son objetos sino solamente una cuantificación o medida, pero, ya que el dinero posee un **valor fiduciario** (ver capítulo 2.5) que puede ser representado simbólicamente no necesita existir como **objeto de cambio** (**monedas, billetes, cheques, bonos** etcétera), puede existir, por ejemplo, en una **cuenta bancaria**, de ahí tomé la idea de utilizar **cuentas** especiales para facilitar la realización de intercambios de jornadas tal como se hace en los **bancos de tiempo** (ver capítulo 4.5) pero mi intención era crear un elemento que fuera similar al dinero y las **cuentas de tiempo** no se parecían lo suficiente pues se asemejan más a una forma mejor organizada de trueques, así que me pregunté si sería posible crear algo parecido al dinero y al investigar descubrí la existencia de las **monedas comunitarias** (ver capítulo 4.3) y de las **monedas digitales** (ver capítulo 2.6) incluso existen monedas comunitarias cuyo valor representa unidades de tiempo como minutos u horas y cada una de estas formas lo logra a su manera, pero en estas vi un problema; al tener esas monedas un **valor al portador** son susceptibles de ser **robadas** físicamente, también son susceptibles de perderse o de mantenerse fuera de circulación cuando se utilizan para generar **ahorro** y esa es una debilidad que podría provocar problemas de desequilibrios al sistema jornalista si los **milijornales** se hacían del mismo modo, así que para evitarlo decidí que los milijornales no debían tener un valor al portador, permanecerían solo como números en un cuenta de forma muy parecida a las cuentas bancarias solo que en lugar de llevar un conteo de las monedas y billetes que ingresan y egresan lo que harían las **cuentas jornalistas** sería un conteo de las jornadas de trabajo realizadas (ingresos) y de las compras realizadas con esas jornadas (egresos) y las transacciones de milijornales entre las cuentas no estarían permitidas pues estas podrían ser utilizadas para generar **riqueza monetaria**, pero de ese modo el sistema resultaría ser muy diferente a los sistemas monetarios actuales y se parece más a un sistema contable, así que busqué una forma de hacer que los usuarios lo percibieran como algo parecido al dinero a pesar de ser tan diferente y para lograrlo necesitaba de un elemento similar a las **unidades monetarias** y mi primer idea fue que esa unidad fuera la "**jornada**" pero después cambié de opinión pues creo que resultaría extraño para los usuarios del sistema decir que el valor de un producto, por ejemplo un pantalón, es de 0.876 jornadas o de una manzana 0.007 jornadas, por eso decidí que la **unidad** en el sistema jornalista fuera una fracción de una jornada; así como las monedas que usan los países se dividen en cien partes, es decir en centavos, la jornada se dividiría no en cien partes sino en mil, a esa fracción le di el nombre de **Milijornal** (la milésima parte de una jornada) y la razón para dividirla en mil partes y no en cien es para que los salarios en milijornales se asemejen en cantidad a los actuales salarios semanales de la **clase media** en pesos (moneda mexicana), entonces, si una persona trabaja de lunes a viernes y descansa sábado y domingo genera cinco jornadas cada semana que equivalen a cinco mil milijornales, ese sería su **salario semanal**, así, el precio del pantalón del ejemplo sería de 876 milijornales y el ce la manzana de 7 milijornales, eso hará que las personas que utilicen el sistema jornalista se adapten más fácilmente pues los precios se asemejarán un poco en cantidad a los que se utilizan actualmente. Crear un sistema que administre el intercambio de productos y servicios utilizando las jornadas de trabajo como unidad de medida es complejo pues requiere de varios elementos: Se requiere de una red digital bancaria que nombraremos "**banco jornalista**" en alusión a los **bancos**, el banco jornalista posee algunas características tanto de los bancos antiguos que se utilizaban en los **mercados cerrados** (ver capítulo 2.2) como de los **bancos** actuales, es decir las instituciones financieras incluyendo los **bancos digitales** (ver capítulo 2.5), en el banco jornalista se depositarán los **milijornales** en **cuentas personales** y esta red debe estar conectada a cada lugar de trabajo o cuadrillas de trabajadores de la **comunidad jornalista** para de ahí obtener los datos, esos datos serán introducidos a la red bancaria por los **jefes** y una vez recibidos se usarán para calcular los precios de productos y servicios sumando la cantidad de mano de obra, materias primas, insumos y demás elementos invertidos en su elaboración y este sistema también se va a conectar con los **puntos de venta** para realizar los retiros de los milijornales de las cuentas de las personas que realizan una compra y para realizar las compras los miembros de las comunidades jornalistas utilizarán tarjetas del mismo tipo que las tarjetas bancarias, de esa forma realizar sus pagos será idéntico a como lo hacen actualmente con ese tipo de tarjetas y así lograremos que el uso de milijornales se asemeje al uso de dinero. La red digital del sistema jornalista será operada mediante un programa llamado "**S.C.o.Ba.**" que administrará de manera coordinada tres áreas:

- **Lugares de trabajo**: Aquí se obtienen los datos mediante una labor de contaduría realizada por los jefes, el conteo de los días laborados por los trabajadores se envía al banco jornalista y se deposita como salario en milijornales en las cuentas personales, esos datos se suman a los de los gastos y sirven para calcular los precios de los productos y servicios, el dato de los precios es enviado al área de comercio imparcial.

- **Banco jornalista:** Se encarga de administrar las cuentas personales, ingresando los milijornales a las cuentas mediante los datos enviados por los jefes de los lugares de trabajo, es decir los salarios y retirando los milijornales cuando el usuario realiza una compra.

- **Comercio imparcial**: Tiendas y puntos de venta donde se realizan las compras dentro de la comunidad jornalista.

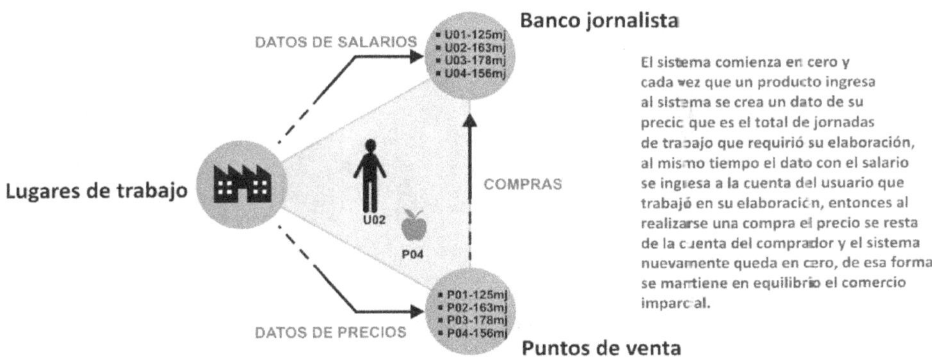

Debido a la forma de funcionar del sistema los salarios de todos los miembros de una comunidad jornalista serán prácticamente iguales pues las variaciones serán muy pequeñas, aunque igualar los salarios no es el objetivo sino el igualar los precios esto surge como consecuencia y muchas de las personas a las que les he hablado sobre eso me han dicho que "un sistema en el que todos ganan lo mismo es un sistema comunista (haciendo referencia al marxismo)" pero hay un dicho que define el objetivo del comunismo: "*A cada quien según su necesidad y cada quien según su capacidad*" los dos enunciados de esta fase llevan implícito que todos somos diferentes tanto en necesidades como en capacidades, así que buscar que "todos ganen lo mismo" es en realidad algo contrario al objetivo del comunismo, este mal entendido provienen del hecho de que las diferencias de salarios y de ingresos que existen actualmente en el sistema capitalista también son contrarias a ese objetivo, por lo tanto el ideal del comunismo se encuentra en un punto medio entre las "grandes diferencias de ingresos" y la "completa igualación de ingresos".

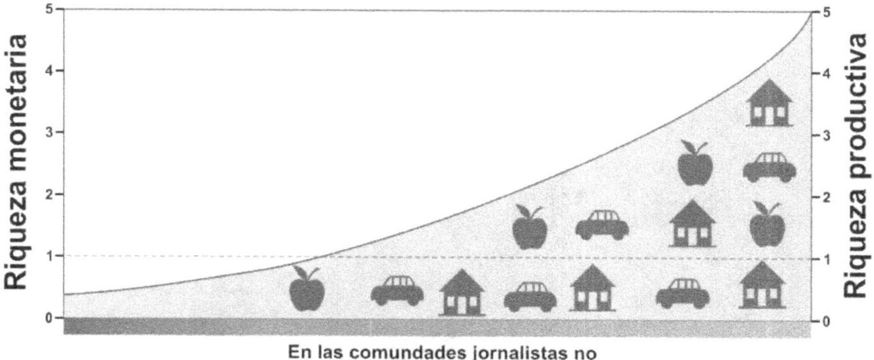

**Mediante los milijornales la riqueza monetaria y la riqueza
productiva estarán relacionadas de forma proporcional así
como era en épocas antiguas anteriores al uso del dinero,
de ese modo no habrá desfaces entre la riqueza productiva
y la riqueza monetaria que provoquen "desplazamientos
de riqueza de productos y servicios"**

5.2 LOS CANDADOS JORNALISTAS

El sistema jornalista debe de trabajar dentro de ciertos parámetros para poder cumplir con su función de forma adecuada y para marcar los límites inventé algo a lo que llamo **"candados jornalistas"** estos candados son un conjunto de reglamentos y mecanismos que sirven para impedir que en el sistema se produzcan algunos de los males como **robos, crisis económicas** producidas por el sistema monetario o la obtención de **riqueza monetaria** la que a la vez provoca **pobreza monetaria** , varios de esos candados provienen de las características propias los **milijornales** y son los que dan forma al sistema, por lo tanto eliminar o modificar alguno de estos harían que el sistema no funcione del modo planeado y por lo tanto <u>un sistema</u>

124

<u>que no cumpla con estos candados no podrá ser considerado como sistema jornalista.</u>

- **Anclaje de precios**: El objetivo de este candado es impedir la negociación de los precios para evitar las variaciones que provocan que exista la riqueza monetaria y la pobreza monetaria (nivel socioeconómico bajo y nivel socioeconómico alto) en el sistema jornlalista los precios están "anclados" al tiempo de trabajo, es decir a la cantidad de jornadas que se invierte en la elaboración de productos o servicios, el tiempo es un elemento que nos sirve de referencia para que los precios permanezcan fijos, a diferencia del sistema capitalista en el cual los precios aumentan y rara vez disminuyen, en el sistema jornalista los precios en pocas ocasiones aumentarán o disminuirán y en la mayoría de las ocasiones disminuirán cuando los avances tecnológicos permitan producir en menos tiempo.

- **No creación de fondos**: Los fondos son un elemento muy inestable pues pueden colapsar debido a errores de cálculo, malos manejos o robos, incluso pequeños robos o errores pueden generar un daño acumulativo que después de varios años provocan un inesperado colapso. Los fondos también abren la posibilidad a la realización de grandes robos y en el caso de los fondos bancarios si colapsan pueden generar crisis económicas a nivel local, nacional o mundial, por eso son un elemento que sin duda es preferible evitar por los grandes riesgos que conlleva su utilización.

- **Limites en las cuentas bancarias**: Cada cuenta bancaria jornalista tiene un límite que ayuda a evitar la existencia de grandes fondos y también ayuda a detectar robos o fraudes si alguna cuenta supera ese tope, el

125

limite se calcula en los puntos de venta en base a la edad del usuario, así se sabe el máximo de jornadas que pudo haber trabajado hasta ese momento, si el saldo de su cuenta supera ese límite entonces la cuenta se reporta y se congela pues ha sido hackeada.

- **Instransferibilidad**: Los milijornales no pueden ser transferidos de una cuenta personal a otras, esto sirve para evitar que el sistema sea utilizado para realizar comercio que no sea de tipo imparcial y también ayuda a evitar la creación de fondos y la realización de fraudes.

- **Virtualidad**: La palabra virtual comenzó a ser utilizada en tiempos recientes para referirse a contenidos digitales que si bien solo existen dentro de las computadoras pueden generar un efecto similar al que producirían si existieran físicamente. Los milijornales deben de existir solo de forma virtual, dentro de las computadoras, pues si existieran físicamente en formas como los documentos bancarios, cheques, monedas, billetes, bonos, acciones, etcétera, serían susceptibles de ser perdidas, robadas o destruidas o de ser acumulados en grandes cantidades mediante métodos legales o ilegales, además, si existieran físicamente también podrían ser comerciadas y adquirir una valor establecido por el comprador o el vendedor, lo cual pervertiría su objetivo de mantener un precio fijo.

- **Validación en dos o más pasos**: En las cadenas productivas cada jefe deposita el salario de sus trabajadores en sus cuentas bancarias personales mediante el programa S.Co.Ba. pero estos permanecen congelados hasta que otro jefe o usuario que reciba el producto o servicio valide esa compra, es decir, un jefe puede ingresar milijornales a las cuentas de sus trabajadores pero no puede validarlos, esto sirve para evitar que los jefes realicen robos, fraudes o errores mediante el programa.

- **Autobalance**: El programa S.Co.Ba. realiza periódicamente una serie de operaciones llamadas "barrido" que consisten en sumar los precios de los productos que están en la cadena de producción y los que están en tiendas y bodegas en espera de ser vendidos y las comparan con la suma del dinero guardado en las cuentas bancarias para comprobar que estas coincidan, de no ser así eso significaría que existe algún error o que existe un intento de robo y el programa generará alertas, incluso desde el momento de ingresar los datos el programa puede rechazarlos si estos no están debidamente balanceados.

- **Paridad unidireccional**: Para permitir al sistema jornalista y támbien a sus usuarios realizar intercambios económicos en el exterior de las comunidades jornalistas mediante el uso de dinero convencional el sistema permite el intercambio de milijornales por dinero en moneda nacional mediante un programa que calcula la paricad entre estos, pero no se permite el intercambio de dinero convencional por milijornales pues el hacerlo convertiría a los milijornales en un elemento similar a las monedas digitales lo que provocaría que adquiera algunas de las características del dinero convencional.

5.3 APORTACIONES COMUNITARIAS: TECQUIO

Los **milijornales** y sus candados son el invento que diseñé para evitar la acumulación de **riqueza monetaria** y la subsecuente generación de **pobreza monetaria**, pero estos al mismo tiempo iban a generar un problema pues al no existir **fortunas familiares** ni **fondos** dentro de las comunidades jornalistas no podría haber **inversionistas** ni iniciativa privada los cuales son la cualidad más positiva del sistema económico actual (**capitalismo**) y que han sido elementos de gran ayuda para apoyar a la creación y distribución de los avances tecnológicos, es por eso que en el segundo capítulo de este libro hice un análisis de la evolución de los sistemas económicos en el que hablé principalmente de dos temas: Los inventos que se han creado para facilitar los intercambios de productos y servicios y; la influencia de la economía y el dinero en las formas de gobierno, organización y administración y es por eso que en un sistema económico como lo es el jornalismo en el cual no existe el dinero se perdería también esa capacidad de dirigir y organizar actividades económicas, para solucionar esa carencia diseñé un invento al cual llamé "**Tecquio**" (Tecno-tequio) o "tequio tecnológico" y crearlo fue una de las partes más complicadas del diseño pues tuve que encontrar una forma de poder organizar a las sociedades jornalistas con tanta eficiencia como la que se logra a través del dinero pero sin violar los candados jornalistas, es decir, sin crear **ganancias** (plusvalores) ni **fondos** y sin transferir milijornales entre cuentas. Para crear esa solución me inspiré en el "**crédito mutuo**" y las "**cajas de ahorro y préstamo**" (ver capítulo 4.6) como una forma de romper la dependencia a los **inversionistas**, pero estas requieren de fondos; el crédito mutuo requiere que quienes lo otorgan posean fondos que le permitan otorgar créditos sin poner en riesgo sus finanzas, dichos fondos provienen de sus **ganancias** y las cajas de ahorro y préstamo requieren de crear un fondo con el cual puedan ofrecer crédito, por eso pensé en soluciones alternativas como el uso del **tequio** del cual te hablé en el tema de las eco-aldeas (ver capítulo 4.4) es decir en las "aportaciones con trabajo" pues ya que en el sistema jornalista no existe el dinero no se puede hacer algo parecido a la recaudación de impuestos o cajas de ahorro y préstamo y el hacerlo con milijornales violaría los candados de **intransferibilidad** y de **no creación de fondos**, pero, usar el tequio haría muy complicado que todos aportaran una misma cantidad pues no todos los trabajos y trabajadores serían requeridos en igual medida y eso podría generar molestia e inconformidad entre los miembros de la sociedad jornalista (mismos problemas que han provocado la disolución de algunas eco-aldeas) al final encontré la solución a través del uso de la tecnología del programa que administrará el sistema jornalista, es decir del programa **S.Co.Ba.** en este vamos a catalogar las actividades laborales en dos tipos: De **uso individual** y de **uso comunitario**; los productos y servicios catalogados como "uso individual" van a ser pagados individualmente por los consumidores, mientras que los productos y servicios catalogados como "uso comunitario" van a ser pagados por toda la comunidad, cada semana se hará una suma de todos los productos y mano de obra (salarios) de uso comunitario y el total de esa suma será dividido en partes iguales entre todos los miembros y restado de sus **cuentas bancarias jornalistas**, así que cada semana los trabajadores de la comunidad jornalista recibirán un estado de cuenta en el que se les informe de ese pago.

Ejemplo:

Semana 54:

Saldo anterior:	15,236.00 milijornales
Salario:	5,000.00 milijornales
Pagos:	-3,567.50 milijornales
Aportaciones comunitarias (Tecquio):	- 854.70 milijornales
Saldo actual: _______________________	**15,813.80** milijornales

De esa forma el **Tecquio** nos permite disponer de mano de obra y productos que nos permita organizar a la sociedad sin la necesidad de poseer capitales o **fondos**, funcionando mediante un proceso inverso al que se usa normalmente, es decir que en lugar de recaudar dinero (aportaciones, impuestos, cuotas, etcétera) y luego con este pagar por los productos y servicios, en el sistema jornalista primero se realizan los trabajos y se utilizan los productos y después el costo de estos se resta de las cuentas del banco jornalista, siendo este un proceso parecido al del "**crédito mutuo**" en el que primero se ofrece el producto o servicio y tiempo después se realiza el pago. El **Tecquio** será administrado por los **Directores generales** de la comunidad jornalista, este será un modelo inédito de administración pues se encargarán de dirigir no solo la creación de productos y servicios de uso común como lo hace cualquier forma de gobierno actual, se encargarán también de dirigir la producción de bienes y servicios de uso personal, es decir, que la mesa directiva jornalista será parecida a lo que sería una combinación entre gobierno y empresas actuales pero sin la búsqueda de obtener ganancias, en lugar de eso lo que tendrán como objetivo los directores será lograr el mayor bienestar para los miembros de la comunidad jornalista.

5.4 PARIDAD CON LA MONEDA NACIONAL

Una de las preguntas que recibí constantemente durante los años en los que trabajé en realizar el diseño del sistema jornalista fue: ¿Qué voy a hacer si me vuelvo miembro de una comunidad jornalista y quiero salir de vacaciones o visitar a mis familiares y necesito dinero para mis gastos pero solo dispongo de milijornales? Encontrar una solución para esa situación también fue complicado pues tal como sucedió con el **Tecquio** tuve que crear un método que no violara los **candados jornalistas**, aunque actualmente es muy fácil realizar intercambios de dinero en sus diferentes modalidades, tanto en sus modalidades físicas como sus modalidades electrónicas no podemos utilizar los milijornales como moneda digital pues para hacerlo tendrían que poseer un precio establecido por el mercado y entonces terminarían por convertirse en una forma de dinero que poseería todas las características que busca bloquear el sistema jornalista, así que la solución más viable que encontré fue que la misma comunidad vendiera una parte de los productos que se elaboren en ella o que ofrezca algún tipo de servicio cuyo cobro sea en moneda nacional, de ese modo la comunidad dispondrá de un pequeño fondo de dinero en moneda nacional que servirá para comprar los productos que se necesiten pero no se puedan elaborar en la comunidad o contratar servicios profesionales para los cuales no se disponga de personal capacitado y además servirá para realizar intercambios entre **milijornales** y **moneda nacional** para los miembros de la comunidad que lo requieran, pero ya que la sustracción de productos y servicios podría generar un desbalance en el **sistema bancario jornalista** diseñé un mecanismo para calcular la **paridad** entre los milijornales y la moneda nacional, este mecanismo que también forma parte del software **S.Co.Ba.** divide el precio en milijornales de los productos y servicios vendidos al exterior de la comunidad entre el precio en moneda nacional pagado por estos de modo que se sustraiga del sistema una cantidad de milijornales equivalente a los productos o servicios vendidos y se mantenga de esa forma el equilibrio. El dinero que se obtenga de las "**ventas al exterior**" será utilizado principalmente para obtener bienes y servicios para la comunidad pero también servirá para obtener productos para su uso individual que serán vendidos dentro de las tiendas de la comunidad, en el caso de los productos usados para la comunidad serán etiquetados como de **"uso comunitario"** y en el caso del intercambio de milijornales por moneda nacional y la compra de productos del exterior el pago se descontará de la **cuenta bancaria jornalista** del miembro que los adquiera, es decir que serán etiquetadas como **"uso individual"**, este mecanismo solo contempla el intercambio de milijornales por moneda nacional pero no permite el cambio de moneda nacional por milijornales para evitar intrusiones económicas en las comunidades jornalistas y evitar también que se corrompa el objetivo de los milijornales de representar un valor basado en tiempo de trabajo, <u>aunque el sistema permite el intercambio de milijornales por dinero el uso de dinero dentro de la comunidad estará prohibido</u>, por eso es importante que los socios sean justos al momento de realizar intercambios por dinero pues el dinero que no gasten no podrá ser intercambiado de vuelta por milijornales así que tendrían que guardarlo y esperar a gastarlos fuera de la comunidad en su próxima salida, también el abuso de este sistema podría sobrecargar a la comunidad de ventas al exterior y eso la alejaría de su objetivo pues haría que la comunidad se incline más al modelo capitalista.

5.5 PENSIONES Y RETIROS

Otro de los temas que genera inquietud entre las personas interesadas en ser miembros de una comunidad jornalistas es el de las pensiones y los retiros ¿Qué pasará con los miembros de la comunidad que por cuestiones de salud o de edad avanzada no puedan trabajar? En la actualidad las leyes obligan a las empresas a pagar un seguro a sus trabajadores y a depositar dinero en un fondo para su retiro, pero las personas que se dedican al comercio u otras actividades por su cuenta no disponen de estas prestaciones laborales, así que ellos mismo deben de solventar sus gastos médicos y generar un ahorro para su retiro, pero en el caso de las comunidades jornalistas al no estar permitido la creación de fondos no podemos generar ese tipo de ahorros, así que lo que haremos será etiquetar los salarios de personas que se encuentren incapacitadas para trabajar como gastos de **uso comunitario**, de esa manera las pensiones de adultos mayores y el salario de personas que estén dadas de baja de su trabajo por cuestiones de salud serán pagados por toda la comunidad y seremos así a diferencia de la mayoría de las demás sociedades una que ampara a todos sus enfermos y ancianos.

LAS CIUDADES JORNALISTAS

Nuestra misión es construir un nuevo tipo de sociedad y un nuevo tipo de ciudad más ecológica y sostenible que propicie un estilo de vida saludable y un mejor desarrollo humano para las familias y las personas que habiten en ella, conformando una comunidad en la que el valor se base en el trabajo, dedicaremos nuestra fuerza laboral a actividades nobles que sirvan a la creación de bienestar para sus miembros, por eso nuestro lema es:

Trabajo – Innovación – Bienestar – Sostenibilidad

"El trabajo noble dignifica a las personas"

Nuestra estrategia para lograr nuestra misión es crear innovaciones en cinco ejes: Salud, educación, alimentación, vivienda y economía, siendo la creación de un nuevo sistema económico llamado Jornalismo nuestra acción más fuerte y de la cual toma su nombre nuestro proyecto. A través del sistema jornalista crearemos una economía equitativa y estable en la que no exista ni la riqueza ni la pobreza extrema y evitaremos así sus efectos negativos.

Capítulo **6**

LAS CIUDADES JORNALISTAS

6.1 PLAN DE CREACIÓN Y DESARROLLO DE LA CIUDAD

Cuando se me ocurrió la idea de los milijornales casi inmediatamente me di cuenta de que el sistema jornalista iba a necesitar de la creación de un nuevo tipo de sociedad y que esta iba a necesitar un lugar para estabelcerse, supe que tendríamos que construir una ciudad pues por sus características el sistema no podría ser implementado en ninguna sociedad ya existente, así que a la par de trabajar en crear el diseño de los mecanismos necesarios para que el sistema jornalista funcione trabajé también en diseñar una propuesta de ciudad, pues además de dedicarme a la construcción de casas antes de encontrar la idea de los milijornales estuve aprendiendo sobre temas de ahorro de energía y sobre ecología, ese aprendizaje me ayudó a diseñar un nuevo tipo de trazo de ciudad, una planta geo-biológica de tratamiento de aguas residuales y un nuevo tipo de casa que aprovechará más la energía del sol, pero ¿cómo obtendríamos los

138

recursos para construir toda una ciudad? Fueron muchas las opciones que analicé como el buscar inversionistas o el buscar donadores o incluso el diseñar un modelo de negocio, sin embargo me incomodaba el hecho de que todas esas opciones funcionan con dinero y eso podría ser una falta de congruencia con los objetivos del sistema jornalista, por eso mientras esperaba a que se me ocurriera una mejor idea intenté crear una asociación civil para obtener recursos que me ayudaran a desarrollar las eco-tecnologías que estaba diseñando y que al mismo tiempo eso me ayudara a la promoción del proyecto de ciudad jornalista, pero al investigar cómo se crean recibí muchos comentarios acerca de que aquí en México existe una gran cantidad de corrupción en ese tipo de asociaciones pues suelen ser utilizadas para desvíos de fondos, evasión de impuestos, lavado de dinero, etcétera, por eso me detuve para volver a analizar si era una opción conveniente y pedí consejo a algunas personas y recibí un comentario que cambió mi forma de pensar: *"Cualquier cosa que quieras crear en esta sociedad tendrás que hacerla utilizando el dinero, así es como se hacen las cosas actualmente y te guste o no te guste si quieres crear ese nuevo tipo de ciudad tendrás que hacerlo utilizando dinero"*. Aunque diseñé el sistema jornalista como una forma de organizar nuevos tipos de sociedades que no tengan una dependencia al dinero y se podría construir la ciudad utilizando esa forma de organización lo cierto es que el jornalismo existe actualmente solo como una propuesta, así que me hice algunas preguntas: ¿Sería conveniente reunir primero a un gran número de personas para crear una sociedad jornalista y después con la colaboración de todos ellos construir la ciudad? ¿Sería una mejor opción buscar inversionistas para construir la ciudad y que esta sirva como atractivo para invitar a personas para que habiten en ella y formen parte de una sociedad jornalista? ¿Es posible crear ambas al mismo tiempo? Comencé por plantearles la primera opción a varias personas y preguntarles si estarían dispuestas a colaborar en un proyecto así aportando ya sea dinero o trabajo, la respuesta que obtuve fue que no lo harían por desconfianza pues podría tratarse de un fraude y me preguntaron si les daría alguna garantía de que obtendrían los beneficios que esperamos lograr con el sistema ó que si no había garantías que por lo menos el proyecto ya estuviera avanzado en su construcción para saber que se trata de algo real y no de una estafa, esas respuestas me hicieron pensar que lo más conveniente sería avanzar un poco en la construcción de la ciudad, por lo menos con la compra del terreno, pero ¿ante esa desconfianza cómo obtener dinero para comprarlo? Si tenía que hacerlo utilizando dinero por lo menos lo haría con la opción que mejor se adapte a las formas del sistema jornalista, así que seguí investigando para conocer todas las opciones y me parece que el modelo de las **cooperativas** (ver capítulo 4.7) es el más apropiado, al crear una cooperativa se podrá comprar un terreno a nombre de esta después de reunir el dinero necesario mediante las cuotas que aportarán los socios, es decir los habitantes de la **ciudad jornalista** y los contratos les darán certeza jurídica, me parece que ese podría ser un buen punto de inicio para la materialización del jornalismo, pero esa idea iba a requerir de mucha más planeación ¿Qué tipo de cooperativa sería la adecuada? ¿Qué reglamentos y lineamientos la van a regir? ¿Cuántos socios como mínimo necesitará la cooperativa para lograr reunir lo necesario para comprar el terreno y poner en marcha las primeras etapas de construcción de la ciudad? Después de analizar muchas variables elegí el modelo de **cooperativa de consumo** porque son un tipo de cooperativas cuya actividad económica está dedicada mayormente a elaborar productos o a ofrecer servicios para el propio consumo de sus miembros y menormente para su venta al público, la actividad económica principal de la cooperativa de consumo con la que construiremos la ciudad jornalista será la de ofrecer servicios de hotelería y como actividades secundarias se tendrían las de recreación, agricultura, elaboración de alimentos, servicios educativos, elaboración de muebles y de artesanías, pero se podrán agregar muchas más para adaptarse a cada comunidad jornalista, siguiendo este plan la ciudad sería construida como una villa-hotel en la cual sus miembros tendrán derecho a habitar en uno de sus búngalos durante los 365 días del año y de esa forma los miembros podrán utilizar su búngalo como vivienda, tal vez en este momento te estás preguntando ¿Por qué construir una ciudad jornalista como villa-hotel? Cuando le presenté a algunas personas la idea de crear una cooperativa como una forma para darle vida al jornalismo me dijeron que lo que yo necesitaba era crear una **cooperativa de vivienda**, pero si lo hiciéramos de esa forma tendríamos que comprar el terreno y después fraccionarlo y escriturarlo y entregar una escritura a cada miembro pero eso a futuro podría generar algunos problemas como el que algunos miembros podrían decidir mudarse y al salir de la comunidad vender sus casas a personas ajenas al proyecto y eso podría debilitar el funcionamiento de la comunidad o incluso algunas personas podrían ingresar no con la intención de ser miembros de la comunidad sino de obtener la casa para después venderla para obtener ganancias monetarias, además, si lo hiciéramos de ese modo los servicios públicos estarían a cargo del estado y para pagarlos se necesitaría dinero, y eso haría más difícil para la comunidad el mantener el uso de dinero en una proporción baja. El modelo de **cooperativa de consumo** ofrece tanto ventajas como desventajas para la realización de las ciudades jornalistas, una de sus desventajas tiene que ver con la toma de decisiones pues en este modelo de empresa todos sus miembros tiene tanto las mismas responsabilidades como lo mismos derechos, por eso las decisiones se toman por votación mayoritaria y todos sus miembros tienen derecho y obligación de votar, eso provoca que mientras más miembros tenga una cooperativa más complicado se vuelve la toma de decisiones, uno de los problemas que enfrentan las cooperativas grandes es la renuencia de algunos miembros a asistir a las asambleas y a emitir su voto, eso puede provocar que no se pueda alcanzar una mayoría y que las decisiones se queden detenidas, sin embargo, ya que los mismos socios de la **cooperativa jornalista** van a habitar en la **ciudad jornalista** será fácil para ellos asistir a las asambleas y también se puede utilizar un método en el que cada bloque de casas tenga un representante que informe a las familias que ahí habiten sobre las propuestas que se estén analizando y que reúna sus votos y así mantener la fluidez de la toma de decisiones. Otro problema que padecen las cooperativas es que algunos miembros dejan de trabajar y a pesar de eso la cooperativa está obligada a entregarle la parte de las ganancias que le corresponde pues de no hacerlo pude ser sancionada por incumplimiento, cuando eso sucede se realiza un juicio para separar a ese miembro de la cooperativa pero esa decisión se vuelve efectiva hasta que se realiza una junta y queda establecido en el acta ante un notario y pueden pasar varios meses hasta que eso suceda, es por eso que el modelo de cooperativa de consumo me pareció más conveniente pues al haber pocas ganancias monetarias y lo que se reparte entre los miembros es principalmente en especie y ya que esa repartición estará regida por el programa **S.Co.Ba.** la cooperativa jornalista resultará poco atractiva para ese tipo de defraudadores y cuando un miembro de la comunidad decida salir de esta o cuando por alguna circunstancia sea expulsado este no podrá vender la casa en la que estaba habitando pues esta forma parte del complejo hotelero y por lo tanto es propiedad de la cooperativa, de ese modo la **dirección de recursos humanos** de la comunidad después de

142

liquidar a ese socio podrá abrir una convocatoria para seleccionar e ingresar a un nuevo miembro que trabaje y participe en el sistema jornalista.

6.2 EL TRAZO DE LA CIUDAD Y LA ECOLOGIA

La propuesta del trazo de ciudad que diseñé para las ciudades jornalistas consiste en un conjunto de **distritos separados**, estos tendrán un trazo circular y poseerán un muro perimetral, los distritos se conectarán entre ellos mediante puentes o túneles, este diseño tiene varios objetivos que tienen que ver con generar menos daños a la ecología y también para facilitar la administración y organización de la ciudad; el diseño de distritos separados tiene el objetivo de respetar la existencia de corredores ecológicos entre ellos en los cuales permanecerá intacto el ecosistema local, muchas de las grandes ciudades del mundo se han construido en valles y al crecer como una única "mancha urbana" han terminado por abarcar toda la superficie del valle y han provocado la extinción de algunas especies de flora y fauna endémicas, en otros casos en los que no se han construido en valles algunas ciudades han interrumpido zonas de cruce de manadas, invadido zonas de desove o zonas de apareamiento, solo por nombrar algunos impactos negativos en los ecosistemas locales, por eso buscamos que con el diseño de distritos separados las ciucades y el ecosistema local puedan coexistir. En cuanto a temas administrativos cada distrito corresponderá a una cooperativa jornalista, esto es para evitar que una sola cooperativa alcance un tamaño tan grande que complique demasiado su administración. Cada distrito estará formado por dos tipos de bloques colocados en forma de cuadros traslapados tipo "tablero de ajedrez"; el primer tipo de bloque es el habitacional a los que llamaremos

143

"**Barrios aldea**" cada uno de estos barrios estará formado por un conjunto de casas construidas alrededor de un patio central que servirá para la convivencia de las familias y el recreo de los niños, ese patio permitirá que los niños jueguen lejos de las calles y el peligro de ser atropellados por vehículos y lejos del tránsito de personas desconocidas y estando bajo la supervisión de los adultos desde las casas que rodean al patio; el segundo tipo de bloque es un **parque geo-biológico**, cada uno de los bloques habitacionales estará conectado a uno de estos bloques que cumplen varias funciones, entre esas funciones tendrá una planta de tratamiento de aguas residuales. Se dará especial importancia al uso de bicicletas pues son un medio de transporte que genera muy poca contaminación y ayuda a mantener una buena salud, por eso por cada kilometro de calles habrá un kilometro de ciclo-vías pero para evitar los problemas que existen actualmente en muchas ciudades entre el tráfico vehicular, el tráfico de peatones y el trafico de bicicletas en las que estas vías están juntas estos tres tipos de vías en las ciudades jornalistas se separarán por los bloques o por camellones y en la medida de lo posible en los cruces entre estas tres vías existirán puentes y túneles para no interrumpir el flujo de ninguna de las tres.

6.3 USO Y TRATAMIENTO DEL AGUA

Para mejorar el uso y tratamiento del agua propongo un sistema que utilice tres lineas de drenaje: Una para recolectar agua de lluvia, otra para aguas grises (agua que proviene de labavos, fregaderos y regaderas y solo contiene jabón y algunos desechos orgánicos) y otro para aguas negras (el agua que proviene del sanitario) estas tres lineas dirigirán el agua de las casas de los **bloques habitacionales** al **parque geo-biológico** y cada una recibirá un tratamento diferente: Las aguas con desechos fecales serán tratadas primero con biodigestores y posteriormente pasará a estanques especiales con vegetación acuática; las aguas grices pasarán primero a registros separadores de grasas y luego a estanques especiales con plantas acuáticas; el agua de lluvia será filtrada primero para retirar basura y particulas grandes y posteriormente será dirigida a pozos de absorción, lagunas o arrollos, dependiendo de las caracterizticas del terreno donde se construya la ciudad jornalista y por ultimo el sistema utilizara filtros lentos de arena y el agua limpia será almacenada en bio-piscinas, estas tecnologías consumen poca energía, requieren de poco mantenimiento y son más ecologicas, sin embargo en la actualidad casi no se utilizan pues requieren de mucho espacio y tienen largos periodos de tiempo para lograr estabilizarse y comenzar a funcionar, ahora existen plantas de tratamiento más avanzadas que ocupan poco espacio y en poco tiempo logran limpiar grandes cantidades de agua, pero con un buen trabajo de arquitectura y paisajismo las plantas geo-biológicas pueden convinarse armoniosamente con la ciudad pareciendo simples parques. Cada parque geo-biológico tendrá también una sección para la elaboración de composta que utilizará residuos provenientes de las distintas etapas de la planta de tratamiento de aguas residuales y recibirá también la basura orgánica proveniente del bloque habitacional y los desechos provenientes de la poda de árboles, esto permitirá un gran ahorro en la recolección y traslado de la basura orgánica pues no tendrá que ser transportada a más de cien metros de distancia y permitirá que los nutrientes regresen a la tierra en un ciclo circular. Este tipo de planta de tratamiento de agua va a necesitar que se evite el uso de ciertos productos que podrían afectar a su flora y fauna, por eso dentro de las ciudades jornalista estará prohibido el uso de algunos productos, sus habitantes tendrán que adquirir algunos hábitos para el cuidado del agua.

145

6.4 AGRO-CIUDAD

Actualmente en muchas ciudades del mundo sus habitantes consumen frutas y verduras que se producen en campos que están a decenas o cientos de kilómetros y tienen que ser transportadas en grandes camiones, trenes o aviones generando grandes gastos y contaminación y provocando además que las tierras agrícolas se queden con pocos nutrientes pues normalmente los frutos caen cerca del árbol o planta que lo produce y se descompone en la misma tierra devolviéndole a esta muchos de sus nutrientes, pero cuando esos frutos son llevados a una ciudad a cientos de kilómetros de distancia y los restos de esas frutas y verduras son llevados a basureros a decenas de kilómetros o terminan en el agua de drenajes que terminan en ríos y mares esos nutrientes se desperdician o cran desbalances en otros ecosistemas, por eso propongo que las ciudades jornalistas sean una mezcla de campo y ciudad es decir que sean agro-ciudades pues eso vuelve mucho más eficiente el traslado de la producción agrícola y la devolución de los nutrientes sobrantes a la misma tierra donde se produjeron, así no se rompen los ciclos ecológicos pues si se devuelven los nutrientes a la tierra esta puede seguir produciendo permanentemente sin disminuir su capacidad de producción, a diferencia de lo que sucede actualmente en muchos campos de mono-cultivos que tras varios años de producir mucho se quedan con pocos nutrientes y comienzan a producir poco, provocando que esos campos sean abandonados por los agricultores pues ya no les generan una buena remuneración monetaria. En las ciudades jornalistas para mantener el campo lo más cerca posible de la ciudad cada casa va a tener un huerto que podrá ser trabajado por los habitantes de la casa o por personal de la comunidad y también aprovecharemos espacios en los camellones y banquetas para sembrar árboles frutales y otras especies vegetales y alrededor de la ciudad tendremos un anillo de zonas de mono-cultivos y alrededor de este anillo otro de bosque comestible, estos sumados a los parques geo-biológicos en los que tendremos flora y fauna acuática y semiacuática harán que las ciudades jornalistas sean "ciudades verdes".

6.5 LAS CASAS SALUDABLES

Uno de los objetos cuya construcción está fuertemente influenciada por el dinero y que podría mejorar mucho si no recibiera esa influencia son las casas, devido al elevado costo de los terrenos y de la construcción algunas personas del nivele socioeconómico bajo compran terrenos baratos cuyo costo es bajo por ser poco apropiados o incluso inapropiados para la construcción de una vivienda, por ejemplo; cuando están cerca de fábricas, cerca de ríos o lagos, sobre relleno sanitario, en terrenos con superficie muy inclinada o irregular, etcétera, esas caracterizticas hacen que sea riesgoso o insalubre habitar en esas casas e incluso puede aumentar algunos costos de construcción, además, al poseer poco dinero prefieren no contratar los servicios de un arquitecto que diseñe la casa y supervise la buena realización de la construcción y en ocasiones tampoco compran materiales de buena calidad ni contratan personal calificado, por otro lado muchas personas del nivel socioeconómico alto construyen casas de gran tamaño hechas con materiales de buena calidad, con mano de obra calificada, con el diseño y supervisión de un arquitecto y que se realiazan con un elevado desarrollo estético pero que a pesar de su elevado costo en muchas ocaciones estas no cumplen con los principio de una casa saludable y que además en muchas ocasiones poseen un exeso de habitaciones que son poco usadas o la misma casa es habitada pocos días al año como es el caso de las casas de verano lo cual desde el punto de vista social puede ser visto como un desperdicio de recursos. Gracias al modelo económico y social del sistema jornalista será más facil construir dentro de las ciudades jornalistas viviendas que por encima de criterios estéticos o económicos cumplán en primer lugar con los siete principios para conseguir una vivienda saludable y estos principios son:

- **Temperatura y humedad relativa adecuadas:** Las temperaturas interiores de las viviendas deben ser lo suficientemente altas para proteger a los habitantes de los efectos nocivos del frío y no tan cálidas para evitar problemas causados por el calor. La humedad crea un ambiente favorable para los ácaros, roedores, mohos y cucarachas, los cuales están asociados con varias enfermedades, por ejemplo el asma.

- **Limpieza:** Mantener un hogar limpio contribuye a que las personas no estén expuestas a varios contaminantes.

- **Seguridad contra accidentes:** Las viviendas deben contar con dispositivos de seguridad que detecten peligros como los incendios y se deben tomar medidas para reducir el riesgo de sufrir caídas o golpes.

- **Accesibilidad** Las viviendas deben incluir medidas de accesibilidad para personas con movilidad reducida.

- **Ventilación:** Todas las estancias de la vivienda deben ventilarse mediante un caudal suficiente de aire exterior que garantice la extracción y expulsión del aire viciado por los contaminantes que se produzcan de forma habitual durante su uso normal. Una adecuada ventilación contribuirá además a reducir la humedad y reducir los contaminantes del aire como compuestos orgánicos volátiles (COV), monóxido de carbono, pesticidas, etc. Mejorando la calidad del aire en el interior del hogar.

- **Acústica e iluminación adecuadas:** Las casas deben ubicarse lejos de fuentes de contaminación acústica y de fuentes de contaminación lumínica o estar protegidas de estas pues el ruido del exterior o las fuentes de luz a menudo perturba el descanso. En cuanto a la iluminación en el hogar la incidencia de luz solar es uno de los factores más valorados en una vivienda pues la entrada de luz natural es una fuente de salud para las personas que la habitan, hay que tener en cuenta que pasamos muchas horas ante pantallas de televisión, móviles, ordenadores, etc. lo que ocasiona problemas de sequedad ocular y fatiga visual.

- **Mantenimiento periódico:** Realizar labores de mantenimiento tanto de sus materiales y estructuras como de sus instalaciones, una vivienda a la que se le hace buen mantenimiento será más cómoda, segura, sana y sostenible, es decir, una vivienda saludable.

Una vivienda saludable debe ser un refugio que sustente un estado de bienestar físico, mental y social y que proporcione un sentimiento de hogar, incluyendo el sentimiento de pertenencia, seguridad y privacidad.

6.6 SISTEMA EDUCATIVO

Una petición que recibí en repetidas ocasiones por parte de varias personas a las que les hablé del jornalismo y de las ciudades jornalistas fue que diseñara también un nuevo tipo de sistema educativo, pues un nuevo tipo de sociedad en un nuevo tipo de ciudad con un nuevo tipo de sistema económico necesitará de una nueva forma de impartir la educación, <u>este nuevo sistema educativo es uno de los pilares que sostendrán al jornalismo y es tan importante como los milijornales y el sistema económico de jornadas</u>. A lo largo de la historia de la humanidad las formas de educar han cambiado mucho y estas se han adaptado a los cambios sociales, económicos y tecnológicos de cada región, algunos de los cambios más recientes han sido los de la revolución industrial y los de la revolución electrónica y de telecomunicaciones, por eso actualmente la mayoría de los sistemas educativos en los países del mundo están fuertemente influenciados por la industrialización y la digitalización, en la actualidad principalmente se enseñan habilidades para la escritura y el lenguaje, las matemáticas y el uso de la tecnología, también sobre ciencias, arte, deporte y sobre educación social, pero a pesar de contar con tan amplios y variados programas educativos al final el dinero y el sistema capitalista ejercen una gran influencia en algunas personas provocando grandes desperdicios de talento, ya sea que personas con habilidades no puedan seguirlas desarrollando por falta de dinero para pagar sus estudios o porque la búsqueda de ganancias monetarias hace que elijan estudiar y dedicarse a labores para las que no tienen talento o que les resultan desagradables, pero dentro de una comunidad jornalista al no existir dinero ni capitalismo no existirá esa influencia provocada por la competencia económica, por lo tanto las personas podrán elegir de una mejor manera qué carrera estudiar para dedicarse a alguna o algunas labores que les agraden más, pero esa mayor libertad para elegir no es suficiente, es necesario que dentro de las instituciones educativas además de enseñar las habilidades básicas para poder actuar de buena manera en nuestro contexto social actual se les enseñe a los alumnos a auto conocerse para que descubran sus habilidades y sus gustos y en base a eso puedan elegir a que labor dedicarse y qué carrera o estudios necesitarán para lograrlo, es por eso que para el sistema educativo de las comunidades jornalistas pensé en un modelo que les presente en la mayor medida posible el "menú" de posibilidades a las que pueden acceder, entonces me pregunté cómo sería ese "menú" y al investigar encontré la "teoría de las inteligencias múltiples" elaborada por el psicólogo estadounidense *Howard Gardener* y su equipo de investigación de la universidad de *Harvard* , ellos reconocen doce tipos de inteligencia:

- **Lingüístico verbal** consiste en la dominación del lenguaje

- **Lógico matemática** capacidad de conceptualizar las relaciones lógicas entre las acciones y símbolos.

- **Visual-espacial** capacidad para reconocer objetos y hacerse una idea de sus características.

- **Musical-auditiva** capacidad para reconocer los caracteres del sonido.

- **Corporal-kinestésica** capacidad para coordinar movimientos corporales.

- **Naturalista** sensibilidad que muestran algunas personas hacia el mundo natural.

- **Interpersonal** capacidad de la empatía y de entender la elección de las amistades, pareja, etcétera.

- **Intrapersonal** Habilidad de conocerse a uno mismo, por ejemplo sus sentimientos o pensamientos, etcétera.

- **Emocional** mezcla entre la interpersonal y la intrapersonal

- **Colaborativa** capacidad para elegir la mejor opción para alcanzar una meta de trabajo en equipo.

- **Creativa** consiste en innovar y crear cosas nuevas.

- **Existencial** meditación de la existencia, incluye el sentido de la vida y la muerte.

De esa forma a diferencia de la mayoría de los sistemas educativos actuales en los cuales existen materias que se califican y un promedio general de calificaciones en el sistema educativo de las comunidades jornalistas cada alumno tendrá doce promedios generales, uno para cada tipo de inteligencia, estos promedios se calcularán en base a las materias aprobada por el alumno y servirán como una herramienta para el autoconocimiento de sus capacidades intelectuales. En el sistema educativo jornalista se distinguirán cuatro tipos de actividades:

Prácticas: estas no serán calificadas, se tratan de la repetición de lo aprendido para mejorar las habilidades intelectuales.

Cátedras: Es la exposición o explicación de un tema que da el maestro a sus alumnos, el maestro realizará exámenes para conocer el nivel de comprensión de sus alumnos los cuales serán aprobados o no aprobados.

Competencias: Sirven para calificar el nivel de desarrollo intelectual de los alumnos, las calificaciones en las competencias pueden ir del 1 a 10

Exposiciones: son proyectos que se le asignan a los alumnos para que demuestren su nivel de desarrollo intelectual a los maestros, a los otros alumnos y a los padres de familia, al final de cada ciclo escolar realizarán una exposición final que será calificada como "baja" "satisfactoria" o "sobresaliente" y esas calificaciones son las que servirán para que conozca sus fortalezas y debilidades.

También se buscará en la medida de lo posible que las cátedras sean impartidas de tres formas diferentes: De modo visual, de modo auditivo y de modo kinestésico, pues no todos los alumnos aprenden de igual manera en estos tres modos y eso provoca que cuando un maestro solo imparte su cátedra de modo hablado, por ejemplo, sus alumnos auditivos comprendan bien pero los visuales y kinestésicos no logran un buen nivel de comprensión. También cada grupo tendrá un tutor que se encargará de supervisar y organizar las actividades de sus alumnos y de darles orientación y cada una de las materias serán impartidas por maestros que tengan conocimiento en el tema que enseñan, esto es para evitar que una sola persona se sobrecargue de trabajo al realizar el trabajo tanto de tutor como de maestro en todas las materias pues pocas personas tienen conocimientos en tantos temas.

¿Por qué la educación en el sistema jornalista es tan importante como el sistema económico? Es cierto que el dinero es un objeto y que ningún utensilio es bueno o malo pues el que tenga un efecto bueno o malo depende del uso que le den las personas, por eso durante estos años he recibido de varias personas comentarios acerca de que no debemos cambiar el uso del dinero sino educar a las personas para que actúen de buena manera pues si las personas fueran buenas no existiría la pobreza ni los males que nos afectan, pero esta opinión no es del todo cierta; no todas las personas que obtienen grandes cantidades de riqueza monetaria están conscientes de los males que están provocando ni todas las personas que padecen pobreza monetaria están conscientes de lo "barato" que están cobrando su salario, por lo tanto aún si consiguiéramos erradicar esa ignorancia y consiguiéramos crear un "**capitalismo social**" (ver capítulo 4.2) no tenemos en la actualidad un punto de referencia de lo que serían intercambios económicos justos y por lo tanto no sabríamos cómo realizar **comercio imparcial** (ver capítulo 5.1), por lo tanto, aunque todas las personas estuvieran educadas y actuaran de buena manera el sistema económico seguiría sufriendo de grandes variaciones lo que provocaría que aunque la riqueza y la pobreza disminuyan estas no desaparecerían, por eso proponemos un sistema en el que las jornadas de trabajo sirvan como punto de referencia para crear una economía justa y que la educación sirva para formar personas justas, por eso consideramos que los **milijornales** y la **educación** son los dos pilares principales que sostendrán este nuevo sistema.

6.7 SISTEMA DE ADMINISTRACIÓN DE LA CIUDAD

La administración de la ciudad será realizada por dos cuerpos administrativos, uno se encargará de dirigir a la cooperativa y el otro de dirigir el sistema jornalista:

DIRECCIÓN DE LA COOPERATIVA JORNALISTA:

Las cooperativas están regidas por tres órganos:

- **Asamblea:** Es el órgano máximo y soberano y se forma por la reunión de todos los asociados, se encarga de delimitar as políticas y estrategias a desarrollar dentro de los marcos generales de la cooperativa, actúa democráticamente. Es soberana siempre y cuando las decisiones que tome se encuentren dentro de las leyes y reglamentaciones vigentes

- **Consejo de administración:** Es designado por la asamblea y se encarga de la ejecución y administración de la cooperativa, rinde cuentas de su accionar en forma anual ante la asamblea general ordinaria mediante el "balance" o ejercicio económico anual.

    NOTA: Tomando en cuenta que las cooperativas jornalistas se establecerán como una "villa hotel" el director del consejo de administración debe de poseer títulos universitarios en administración de empresas turísticas.

- **Sindicatura:** Es el órgano de fiscalización privada de la cooperativa, los síndicos son designados por la asamblea para verificar que el consejo administrativo cumpla con la ley, el estatuto, los reglamentos y lo dispuesto por la asamblea. Anualmente rinde un informe ante la asamblea general ordinaria.

DIRECCIÓN DE LA COMUNIDAD JORNALISTA:

155

La comunidad jornalista estará regida por una mesa directiva que estará formada por los directores generales y por debajo de estos estarán los directores de proyecto y los jefes:

- **Directores generales:** Se encargan de la planeación y la dirección de cada uno de los distintos tipos de labores que se realizarán para lograr la buena calidad de vida de todos los miembros de la comunidad, cada cooperativa jornalista debe designar tantos directores generales como considere necesarios para dirigir las distintas labores que se realicen dentro de estas, a continuación mencionaré en orden solo a los principales:

  1. **Director general de alimentación:** Se encarga de planear y supervisar las distintas labores que sea necesario realizar para satisfacer la necesidades alimenticias de todos los miembros de la comunidad y garantizar que todos tengan una buena nutrición.

  2. **Director general de vivienda:** Se encarga de planear y supervisar las distintas labores que sea necesario realizar para que todos los miembros de la comunidad puedan habitar una casa saludable y digna y de la elaboración de la infraestructura necesaria para la realización de las distintas labores que se lleven a cabo dentro de la comunidad

  3. **Director general de educación:** Se encarga de planear y supervisar las distintas labores que sea necesario realizar para que todos los miembros de la comunidad puedan disponer de servicios educativos de buena calidad.

4. **Director general de salud:** Se encarga de planear y supervisar las distintas labores que sea necesario realizar para mantener la buena salud de los miembros de la comunidad.

5. **Director general de recursos humanos:** Se encarga de planear y supervisar las distintas labores que sea necesario realizar para la organización del trabajo y demás temas relacionados con los trabajadores y por lo tanto se encarga también de supervisar el funcionamiento del sistema de milijornales (programa S.Co.Ba.), tambien se encarga de aprobar las convocatorias para el ingreso de nuevos socios y de realizar las entrevistas e investigaciones necesarias a los solicitantes para su aprobación.

6. **Director general de arte y entretenimiento:** Se encarga de planear y subervisar las distintas labores que sea necesario realizar para ofrecer servicios de entretenimiento.

7. **Director general de manufactura de objetos de uso personal:** Se encarga de planear y subervisar las distintas labores que sea necesario realizar para la elaboración de productos de uso personal, como por ejemplo ropa, articulos de aseo personal, etcétera.

> **Nota:** Los recursos necesarios para la direccion de recursos humanos deben estar etiquetados como "de uso común" (ver capítulo 5.3) pues presta un servicio a toda la comunidad; Las direcciones de alimentación, vivienda, educación y la de salud deben de etiquetar la mayoria de sus recursos como de "uso común" pues tambien pueden

prestar algunos servicios y productos de uso personal como por ejemplo el servicio de restaurante; las direcciones de entretenimiento y de elaboración de articulos de uso personal deben de etiquetar sus recursos como "uso personal".

- **Directores de proyecto:** Son designados por los directores generales para planear y dirigir a cada una de los distintos proyectos que sean necesairios realizar dentro de la comunidad.

- **Jefes:** Son asignados por los directores de proyecto y se encargan de dirigir a las cuadrillas de trabajadores y de realizar la contaduria de su área de trabajo, son los encargados de ingresar los datos de salarios y costos de producción al programa S.Co.Ba.

- **Jefes adjuntos:** Cuando un jefe no puede realizar la labor de contaduria para el programa S.Co.Ba. o no sabe hacerlo se le asignará un jefe adjunto (contador) que se encargará de esa labor.

160

EL PERFIL DE LOS MIEMBROS DE UNA COMUNIDAD JORNALISTA

"No es fácil adaptarse a las nuevas ideas, como tampoco lo es el desechar las viejas costumbres"

Los aspectos técnicos que requiere el sistema jornalista son muy fáciles de implementar pues no requieren de agregar algún elemento extra a los ya existentes en nuestro sistema capitalista, me refiero a que el software que administra al sistema es muy parecido a los programas que utilizan los bancos, las empresas y los contadores; la labor de ingresar los datos es realizada por los jefes de un modo casi idéntico a llevar el inventario y la contaduría de un lugar de trabajo; las compras que realicen los usuarios son idénticas a pagar con una tarjeta bancaria; la fundación de una comunidad jornalista no es más complicada de lo que es fundar una empresa, además, para ingresar a una comunidad jornalista no es necesario aprender alguna habilidad extra salvo la separación de la basura, algunos cuidados del agua y evitar el uso de algunos productos químicos, sin embargo hay algo que si puede ser un gran reto para las personas que decidan vivir en una ciudad jornalista, se trata del asimilar el cambio a una sociedad en la que no existe el interés y las ganancias, los ricos y los pobres, la posibilidad de crear un negocio y ganar mucho dinero, el ejercer influencia con un gran capital. El gran reto para los que decidan mudarse de una ciudad capitalista a una ciudad jornalista no es el aprender nuevas habilidades y costumbres, es el desechar viejas costumbres y habilidades relacionadas con el dinero y el capitalismo.

Capítulo **7**

EL PERFIL DE LOS MIEMBROS DE UNA COMUNIDAD JORNALISTA

7.1 EL PERFIL DE LOS SOCIOS

Existen varias formas para volverse miembro de una comunidad jornalista y según la forma mediante la cual ingrese la persona se volverá integrante de una de las distintas **generaciones de miembros** que conformarán la comunidad, cada una de estas generaciones posee distintas obligaciones y derechos y cada una requiere de un tipo de perfil que detallaré a continuación:

164

- **GENERACIÓN FUNDADORA**: Son el grupo de personas que fundan una cooperativa jornalista y que en conjunto reúnen la cantidad de dinero necesaria para construir las primeras etapas de la ciudad, es decir de la villa-hotel, ellos tienen como obligación, además de respetar los lineamientos de la cooperativa y demás reglamentos de la comunidad, el aportar cuotas en dinero moneda nacional en la primera fase del proyecto y posteriormente deben incorporarse a trabajar dentro de la ciudad a partir de la segunda fase y aportar milijornales mediante el **Tecquio** (ver capítulo 5.3). Tienen derecho a voz y voto en la toma de decisiones de la comunidad, tienen derecho a habitar en una de las casas y a recibir por parte de la comunidad servicios educativos y de salud, canasta básica de alimentos y servicios públicos en la medida de las capacidades productivas de la comunidad. Las personas pertenecientes a esta generación deben tener plena conciencia de los objetivos y el funcionamiento del sistema jornalista pues son los encargados de dar vida al proyecto, tendrán que esperar uno o varios años hasta que se termine de construir la primer etapa de la ciudad para poder habitar en ella y tienen que esperar a que se vayan estableciendo varios de los servicios conforme la ciudad vaya creciendo y alcanzando su madurez. En la segunda fase del proyecto deben de comenzar a laborar dentro del sistema jornalista pero debido a que tienen que aportar cuotas con dinero moneda nacional tienen derecho a un periodo de gracia durante el cual pueden trabajar fuera de la ciudad para obtener dinero para pagar las cuotas y una vez que liquiden sus cuotas tendrán que comenzar a laborar para la cooperativa jornalista.

165

- **GENERACIÓN DE EXPANSIÓN**: La segunda fase del proyecto comenzará cuando la villa hotel esté funcionando y la cooperativa comience a recibir dinero por concepto de la renta de habitaciones y por la venta de algunos productos que se elaboren en la comunidad, ese dinero será invertido en la construcción de más infraestructura y casas dentro de la ciudad que permitirán expandirla e invitar a una segunda generación de socios, los miembros de esta generación a diferencia de los de la primera no tendrán que aportar cuotas con dinero moneda nacional, aportarán sus cuotas mediante el **Tecquio** y podrán incorporarse a laborar y a habitar en la ciudad inmediatamente. Tienen como obligación, además de respetar los lineamientos de la cooperativa y demás reglamentos de la comunidad, el aportar cuotas en milijornales mediante el **Tecquio**, tienen derecho a voz y voto en la toma de decisiones de la comunidad, tienen derecho a habitar en una de las casas y a recibir por parte de la comunidad servicios educativos y de salud, canasta básica de alimentos y servicios públicos en la medida de las capacidades productivas de la comunidad.

- **GENERACIÓN FLOTANTE**: Son personas que trabajarán durante periodos cortos de tiempo dentro de la ciudad, normalmente se trata de trabajos especializados, para brindarles más comodidad durante el tiempo que laboren en la ciudad se les ofrecerá la opción de abrir una cuenta en el sistema S.Co.Ba. y recibir su pago en milijornales para que puedan comprar dentro de la comunidad y hospedarse y hacer uso de algunos servicios, una vez que su contrato termine podrán intercambiar el saldo en milijornales de su cuenta por dinero moneda nacional. Este método también puede ser usado para realizar periodos de prueba durante los cuales las personas interesadas en volverse socios de la cooperativa jornalista podrán experimentar cómo es ser parte de la comunidad y cómo es habitar en una ciudad jornalista. Las personas pertenecientes a esta generación tienen como obligación, además de respetar los lineamientos de la cooperativa y demás reglamentos de la comunidad, el aportar cuotas en milijornales mediante el Tecquio. No tienen derecho a voz y voto en la toma de decisiones de la comunidad pues no son socios, tienen derecho a habitar en una de las casas y a recibir por parte de la comunidad servicios educativos y de salud, canasta básica de alimentos y servicios públicos en la medida de las capacidades productivas de la comunidad.

- **GENERACIÓN DE SEGUNDO GRADO**: Son los hijos de socios de la cooperativa jornalista que pertenecen a la generación fundadora y a la generación de expansión y que se mudaron con ellos para habitar en la ciudad jornalista. Cuando alcancen la mayoría de edad tienen que responder a alguna de las convocatorias de ingreso de nuevos socios, por ser hijos de socios se les dará preferencia frente a otros solicitantes e incluso si no hay convocatorias abiertas podrán solicitar a la comunidad que abra un puesto de trabajo para ellos. Una vez que se vuelvan socios tendrán como obligación, además de respetar los lineamientos de la cooperativa y demás reglamentos de la comunidad, el aportar cuotas en milijornales mediante el Tecquio. Tienen derecho a voz y voto en la toma de decisiones de la comunidad, tienen derecho a habitar en una de las casas y a recibir por parte de la comunidad servicios educativos y de salud, canasta básica de alimentos y servicios públicos en la medida de las capacidades productivas de la comunidad.

- **GENERACIÓN NATIVA**: Son los hijos que nacieron de socios y se criaron en la comunidad jornalista, por haber nacido y crecido en la comunidad automáticamente se volverán socios al alcanzar la mayoría de edad y la comunidad les ofrecerá un puesto de trabajo. Una vez que se vuelvan socios tendrán como obligación, además de respetar los lineamientos de la cooperativa y demás reglamentos de la comunidad, el aportar cuotas en milijornales mediante el Tecquio. Tienen derecho a voz y voto en la toma de decisiones de la comunidad, tienen derecho a habitar en una de las casas y a recibir por parte de la comunidad servicios educativos y de salud, canasta básica de alimentos y servicios públicos en la medida de las capacidades productivas de la comunidad.

El primer paso que deberá realizar una persona que esté interesada en convertirse en miembro de una comunidad jornalista es responder a una de las convocatorias publicadas que se ajuste a sus habilidades laborales, las convocatorias serán publicadas en la página web oficial de la cooperativa o en sus medios oficiales de comunicación y será muy parecidas a las ofertas de empleo que se anuncian en periódicos, internet y agencias de colocación de empleos:

Ejemplo:

La "cooperativa jornalista santo Santiago" abre convocatoria
para ingresar a cinco nuevos miembros con habilidades de

electricista para instalaciones residenciales e instalación de equipos fotovoltaicos, experiencia comprobable.

Si la persona interesada en volverse miembro de la comunidad jornalista posee las habilidades solicitadas deberá presentar su solicituc y acudir a una entrevista en la que tendrá que demostrar que conoce el sistema o se le explicará qué es y también se le explicará qué es una comunidad jornalista, qué es una cooperativa y qué es y cómo funciona el sistema económico jornalista y los milijornales, este paso es muy importante pues **toda sociedad funciona por la aceptación y participación de los miembros que la conforman**, por eso durante estos primeros pasos para formar parte una comunidad jornalista es esencial conocer los fundamentos y el funcionamiento de esta, ese es el objetivo principal de este libro el dar a conocer el jornalismo desde su concepción, su desarrollo y su plan de construcción para que el lector tenga toda la información necesaria para que pueda tomar la decisión de unirse a una comunidad jornalista, sin embargo no todas las personas poseen un perfil adecuado, a pesar de que se necesitan personas con conocimientos y habilidades en prácticamente cualquier tipo de oficios o labores siempre y cuando estos sean trabajos nobles, es decir que sean labores que aporten al bienestar de las personas y que solamente tendrán que adaptarse a algunas nuevas prácticas dentro de la comunidad como la separación de la basura hay un aspecto que podría ser un gran reto para algunos miembros; se trata del abanconar ciertas ideas referentes al dinero como la idea de crear un negocio, vender para obtener ganancias o incluso la idea de pedir un aumento de salario pues al estar los precios anclados al tiempo de trabajo todas esas prácticas quedaran bloqueadas, eso podría generar un choque cultural, es por eso y para evitar que los miembros de las comunidades jornalistas terminen alejándose del resto de la sociedad por la no utilización del dinero que el sistema permite el intercambio de milijornales por dinero moneda nacional mediante el **sistema de paridad con la moneda nacional** del programa S.Co.Ba. (ver capítulo 5.4) para que puedan disponer de dinero para utilizarlo fuera de la comunidad, pero dentro de la comunidad estará prohibido el uso de este y de prácticas capitalistas, es decir el crear negocios privados dentro de la comunidad y aquellos miembros que violen este reglamento y utilicen dinero dentro de la ciudad jornalista serán sometidos a juicio y podrán ser expulsados por realizar prácticas contrarias a los objetivos del sistema.

7.2 EL PERFIL DE LOS DIRECTORES GENERALES

El perfil de los directores generales es epecial pues deben encargarse de dirigir aspectos que en el sistema económico actual no cuentan con una dirección sino que se auto-regulan por el mercado y tambien deben encargarse de sustituir lo que en el sistema actual se conoce como "iniciativa privada" pues en el sistema jornalista la iniciativa privada no puede existir. En el sistema económico actual las actividades se auto regulan en base a la oferta y la demanda, cuando existe una gran demanda de algún producto o servicio los comerciantes pueden aprovechar para elevar los precios y obtener más ganancias, después, cuando otros comerciantes se dan cuenta de la existencia de esa gran demanda pueden cambiar su giro comercial y comenzar a ofrecer ese servicio o producto que tiene un elevado precio (el producto o servicio se ha vuelto caro) cuando varios comerciantes ofrecen ese mismo producto o servicio comienzan a competir entre ellos para lograr más ventas y normalmente lo hacen mediante la reducción de sus precios, cuando se suman más productores y comerciantes se llega a un punto en el que la oferta supera a la demanda y eso provoca que los precios se estabilicen en un precio minimo (el producto o servicio se vuelve barato) cuando esto sucede los nuevos productores o comerciantes que comienzan a ofrecer ese producto o servicio ya no logran obtener ganancias suficientes para seguir laborando pues los precios ahora son bajos y la demanda ya está cubierta así que se ven obligados a cambiar de giro, así se llega de forma natural a un punto de ecuilibrio entre oferta y demanda, pero puede suceder que si varios de esos productores y comerciantes deciden cambiar de giro debido a que los precios bajaron demasiado la oferta disminuya y al ser nuevamente grande la demanda eso provoca que los precios aumenten y el ciclo se repita, por eso al observar el proceso de auto regulacion de la economía podemos darnos cuenta también de que vivimos en una economía poco planeada y que la auto regulación no asegura la plena satisfaccion de las necesidades de cada persona y que también existe una demanda de productos y servicios que no son beneificiosos para sus consumidores, también podemos notar que existe un gran desperdicio de recursos pues muchas empresas nuevas tienen que cerrar porque no logran tener suficientes ventas provocando la pérdida de jornadas de trabajo y capital de sus propietarios, todos estos problemas se podrían solucionar si existiera una planeación de la economía basada en datos de la población, pero en un sistema liberal esto no es posible salvo por los trabajos realizados por el gobierno para regular y equilibrar algunas actividades. En el sistema jornalista esta planeación no solo es posible sino que es algo indispensable pues al no existir dinero ni capitalismo no puede existir la iniciativa privada y por lo tanto ni siquiera puede existir una auto regulación que dé forma a la economía, es por eso que el sistema jornalista requiere de directores que se encarguen de planear todos los aspectos de la economía; el buen funcionamiento y el lograr obtener el máximo provecho del sistema depende en gran medida del trabajo de dirección, es por eso que el perfil de los directores es muy especial pues a diferencia de los directores de empresas actuales cuyo objetivo es la obtención de la mayor cantidad de ganancias posible y que para tomar sus decisiosnes se basan en datos del mercado, algunos de los cuales tienen que ver con la oferta y la demanda los directores jornalistas tienen como objetivo lograr el bienestar de todos los miembros de la comunidad mediante la plena satisfacción de sus necesidades basicas y aún más pues tambien dirigirán labores como el arte y entretenimiento y elaboración de artículos de uso personal, por eso uno de los rasgos que deben poseer es la nobleza, la palabra noble significa "el que busca el bien para las personas" y además de la nobleza deben poseer desarrolladas varias de sus inteligencias: la **inteligencia cretiva** pues deben crear planes y soluciones para problemas de la comunidad; la **inteligencia colaborativa** pues deben trabajar en equipo; la inteligencia **Lingüístico verbal** pues deben comunicar de buena forma sus planes a su equipo de trabajo (directores de proyectos y jefes) e informar a la comunidad de su labor; la inteligencia **lógico-matemática** pues deben analizar datos y estadisticas de la comunidad; y para demostrar que poseen nobleza deben tener desarrolladas también sus inteligencias **emocional**, **interpersonal**, **intrapersonal**, **naturalista** y **existencial** y también deben poseer conocimiento y experiencia en por lo menos tres oficios que pertenezcan a diferentes direcciones generales incluyendo la dirección general que van a dirigir (alimentación, vivienda, educación, salud, recursos humanos, arte y entretenimiento, manufactura de objetos) este requisito busca garantizar que los directores generales puedan llegar a acuerdos para repartirse los

172

recursos de modo que beneficien a la comunidad y eviten que existan excesos de recuros en alguna de las direcciones. Este parfil es muy exigente y pocas personas tienen desarrolladas esta gran variedad de inteligencias y habilidades y el objetivo es que así como en el pasado las comunidades elegían a sus miembros más fuertes para que estos gobernaran, en las comunidades jornalistas se busca que los miembros más preparados y aptos se encarguen de dirigirlas y garantizar así el mayor provecho posible del funcionaimiento del sistema, es por eso que uno de los pasos más complicacados para la creacion de una ciudad jornalista podría ser la conformación de la **mesa directiva fundadora**, pues mientras que el sistema ofrecerá a personas de nivel socioeconómico bajo la oportunidad de mejorar su calidad de vida sin tener que cambiar de actividad y eso lo volverá tractivo para ellos es más probable que las personas que posean un perfil adecauado para ser directores generales de una comunidad jornalista pertenezcan al nivel socioeconómico medio, para los cuales el sistema jornalista no ofrece una mejora sustancial en su economía, por lo tanto, aquellas personas que decidan asumir el puesto de diretores generales fundadores lo harán más por la convicción de ayudar a crear este nuevo tipo de sociedades y de ciudades que por obtener una mejora económica, pero en un futuro cuando las comunidades jornalistas alcancen su madurez y se necesite elegir un nuevo director para alguna de las direcciones generales será elegido de entre todos los directores de proyecto y jefes pertenecientes a esa dirección, se buscará a los que posean un perfil de director general y se realizará una votación entre todos los trabajadores, jefes y directores de proyecto que trabajen para esa dirección general, de ese modo el director general de salud será elegido por votación por los que saben de salud, el director general de alimentación sera elegido por los que saben de alimentación, el director general de vivienda será elegido por los

173

que saben de ese tema y así sucesivamente para cada una de las direcciones, en caso de no encontrar a ninguno que posea el perfil de director general se buscara candidatos entre los jefes y directores de proyecto de las demás direcciones generales que posean el perfil y tengan conocimiento en alguna de las areas que abarque esa dirección general, en caso de no encontrar a ningún candidato entre todos los jefes y directores de proyecto de la comunidad se buscará fuera de esta a través de la **secretaría de recursos humanos** de la comunidad a una persona que posea el perfil adecuado.

REFLEXIÓN
SOBRE
EL SISTEMA JORNALISTA

El sistema jornalista NO tiene como objetivo solucionar los problemas derivados de la pobreza y de la riqueza monetaria que existen actualmente en el mundo, quiero

175

recalcar que su objetivo es crear un nuevo tipo de comunidad en la que no sea posible que existan estas y a diferencia de nuevos modelos de comunidad como lo son las eco-aldeas las cuales apuntan hacia el pasado y buscan retomar en parte un estilo de vida de un tiempo anterior a la existencia del dinero el jornlismo apunta hacia el futuro al ser una continuación de los avances económicos y sociales alcanzados hasta ahora y busca colocarse en la vanguardia de los sistemas económicos pero no compitiendo en términos de dinero sino en términos de lograr una mejor sociedad donde sus miembros alcancen una mejor calidad de vida, aunque esta tiene que ver con muchos aspectos no solamente con el económico, ya que el sistema económico se relaciona con muchos de esos aspectos es un elemento que al cambiarse puede generar un avance sustancial en la mejora de la calidad de vida. Una cualidad positiva del jornalismo es que es respetuoso con los sistemas que se utilizan actualmente; Para existir y funcionar no necesita de ningún cambio en los sistemas establecidos, ni en los sistemas políticos, ni en los sistemas legales o en otros sistemas económicos, además, por poseer un diseño bien estructurado evitará que sea utilizado por otras personas con diferentes intenciones como ocurrió con el marxismo, pues al tener un diseño terminado cualquier modificación que se haga a su estructura hará que no se le pueda considerar jornalismo y además no busca actuar en favor del individualismo ni del comunismo sino generar un sano balance entre ambos, por

176

eso posee mecanismos que le proveen la capacidad de regular fácilmente su combinación *communis-individŭus*, pero a pesar de eso es posible que algunas personas lo consideren de inclinación socialista ya que toma varios elementos del cooperativismo y de los bancos de tiempo a los que le agrega un nuevo elemento llamado milijornales los cuales suplirán el uso del dinero convencional, es así que el sistema jornalista reúne en un solo conjunto muchas de las propuestas que en la actualidad se han puesto en marcha para disminuir la pobreza, cada una ha dado un pequeño aporte para solucionarla, por eso confío en que todas trabajando en conjunto dentro de este nuevo sistema lograrán la solución definitiva.

178